キャラクター精神分析

マンガ・文学・日本人

斎藤環

筑摩書房

目次

キャラクター精神分析

マンガ・文学・日本人

はじめに

キャラとは何か

「キャラクター」という言葉が僕たちの日常に浸透しはじめたのは、いつ頃のことだったろうか。本来は「人格」や「性格」という意味に過ぎなかったこの言葉は、ある時期から漫画やアニメ、ゲームなどのフィクションに登場する登場人物を指す言葉になり、さらにそこから転じて芸能人やお笑い芸人などに応用され、いまや現実の人間関係の中でも日常的に用いられる言葉になっている。

最近では人間に限らず、道具や惑星、県や国家など、人間以外の対象についても「キャラ」が問われることがある。たとえば小説家の西尾維新は、『新本格魔法少女りすか』の舞台に長崎を選んだ際に、県としてキャラが立っているから、という理由を語る。

「キャラクター」という語の本来の意味は、「特徴」「性質」であり、語源はギリシャ語の“kharakter”である。小田切博によれば、こうした意味で英語圏で“character”

という言葉が一般化したのは、一七四九年のヘンリー・フィールディング『トム・ジョウンズ』発表以降のことであるという（小田切博『キャラクターとは何か』ちくま新書）。

またウィキペディアによれば、日本語でこの意味の「キャラクター」という言葉が使われたのは、一九五〇年代にディズニーのアニメーション映画の契約書にあった“Fanciful Character”の翻訳「空想的キャラクター」が最初であるという。

しかし、すでにこの言葉は多義的なものになっており、もともとの意味のうえに、さまざまな新しい要素がつけ加えられた形で現代に至っている。それゆえ、いま、あらためて「キャラクターとは何か？」と問われたとして、過不足のない定義を与えることは、きわめてむずかしくなっている。

本書では、さしあたりこの言葉を、はっきりした定義なしで用いる予定である。誰もキャラクターという言葉に厳密な定義は与えられない。しかし、誰もがこの言葉の意味を漠然と理解してはいる。このような言葉について検討しようとするときは、最初から定義づけることなく、できるだけ多様なコンテクストのなかに位置づけてみることだ。そうした試みのあとに、事後的に生成してくる言葉のイメージがある。そのイメージをとらえてはじめて、定義の試みがなされるべきなのである。

言語学者のS・I・ハヤカワは、「オーボエ」という言葉の意味をまったく知らなくても、その言葉が出てくる文例をたくさん知れば、オーボエが楽器であることや、大体どんな形をしているのかが、なんとなく分かってくるという例を挙げている（S・I・ハヤカワ『思考と行動における言語』岩波書店）。同じコードを複数の文脈で繰り返し使用すると、その意味に関する自然な合意が形成されていく。こうしたことは僕たちが日常的に経験していることで、現に「おたく」や「ひきこもり」などの言葉は、そのようにして定着した。そのような生きた言葉を生け捕りし活き作りするためにも、まずは十分に泳がせておかなければならない。定義などは、それからでもじゅうぶんに間に合うのだ。

柳田國男は、現在のさまざまな事象を横断的に分析することで、その事象の歴史的変遷を分析する手法として知られる「重出立証法」を創始した。及ばずながら、僕による言葉の定義も、基本的発想は同じことである。横断的な用法分析によって、その言葉の定義から歴史的な変遷までをもふくんだ射程を明らかにすること。そう、ならば赴くべきは国会図書館ではなく、臨床の現場ということになる。

さきほども述べた通り、キャラクターという言葉は多数の文脈で用いられている。それゆえ当然ながら、文脈ごとに意味合いは微妙に異なっている。いずれにせよ、キヤラクタービジネスからサブカルチャー、小説やアートの領域に至るまで、もはや「キャラクター」は不可欠の要素となっているのは事実だ。

しかし反面、キャラクター性を全く許容しない領域（アートなどのハイカルチャー）もあるのであって、そちらについては後で触れる。しかしまずは、僕たちが日常において、どのような形でキャラクターという言葉を用いているか、そこからみてゆこう。

キャラという言葉の起源

「キャラが立つ」という言葉は、いまや当たり前に通じる言葉になった。

この、おそらく漫画原作者の小池一夫あたりにルーツを持つであろう言葉は、もともと漫画の手法のひとつであり、登場人物の個性を読者にとって印象的で際立ったものにする、というほどの意味で用いられていた。

それが一九八〇年代にお笑い業界での評価に転用され、さらにテレビを通じて一般化した。新城カズマによれば、この頃から言われるようになった「ボケとツッコミ」という分類は、一般人が最初に認識したキャラではないか、とのことである（新城カズマ『ライトノベル「超」入門』ソフトバンク新書）。たしかに、ある種の「演技性」のニュアンスをこめて「キャラ」という言葉が使われはじめたのは、この頃からかもしれない。

お笑いとキャラとの関係も、かなり密接だ。元・お笑い芸人で大学講師の瀬沼文彰による『キャラ論』（STUDIO CELLO）には、次のようなくだりがある。彼は吉本興業に入ってから「キャラ」という言葉と出会い、自分の「キャラ」を考えるようになったという。

「そのきっかけは、先輩芸人や構成作家、あるいは社員から『「キャラ」を作れ。それが売れる早道だ』というアドバイスです。同期とも『あいつはうまく「キャラ」を使ってるなー』という話をしたり、『どんな「キャラ」なら空きがあるか』とまるで、起業家が隙間産業でも狙うかのように、テレビに出ていない『キャラ』を探していました。つまり、芸人にとって『キャラ』は重要で、売れるか売れないかの鍵だと言っても過言ではありませんでした」

そう、お笑い業界内では、笑えるネタ以上に、芸人のキャラが立つかどうかは死活問題なのである。

ちなみに僕がこの言葉の定着ぶりを実感したのは、二〇〇七年九月に行われた自民党総裁選挙における麻生太郎の発言だった。漫画文化に造詣が深いとされる麻生は、対立候補だった福田康夫の性格を問われて、共同記者会見で次のように答えたのだ。

「私は非常にキャラが立ちすぎているが、福田氏はあまりそうじゃない」。また、彼は街頭演説でも「キャラが立ちすぎて、古い自民党の方々に評判の悪い麻生太郎です」などと切り出したという（二〇〇七年九月一六日付『東京新聞』朝刊）。

もっとも、僕の考えでは麻生の発言は間違いだ。ネット上の人気に限って言えば、福田康夫はキャラが立っていないどころではない。冷笑的で皮肉屋のヒットマンキャラとして、そのキャラは至る所で引用されていた。そもそも福田は麻生以上に似顔絵が描きやすいという点でも有利だったのだ。

なぜこの誤解が生じたのだろうか。おそらく麻生は、コミュニカティブでパフォーマティブであるほどキャラが立つと考えていたのだろう。しかし、たとえば彼が大好きな『ゴルゴ13』の主人公、デューク東郷はコミュニカティブだろうか。この例で足りなければ、わが国のヒーローキャラが総じて無口か発語に問題を抱えていた事実を思い出してもらってもよい。ウルトラマンしかり仮面ライダーしかり。僕はかつて小泉元総理を「ウルトラマン宰相」と呼んだことがある。多くの印象的な言葉を発しつつも、常に説明不足であった小泉を、叫び声しか発しないスーパーヒーローになぞらえたのだ。彼らについて、キャラ立ちが足りないと判断するものはいないだろう。

そうした誤解はともかく、「キャラ」はいよいよ僕たちの日常に浸透しつつある。

そのことを改めて痛感させられたのは、最近の「タイガーマスク運動」にまつわる一連の報道だった。

この運動の発端は、二〇一〇年一二月二五日に前橋に現れた「伊達直人」だった。彼が児童相談所に寄付した一〇個のランドセルがきっかけとなって、〝運動〟の輪は連鎖反応のように拡がり、瞬く間に全国規模の現象となっていったのである。「伊達直人」とは、言うまでもなく漫画『タイガーマスク』の主人公だ。彼は自らが育った孤児院へ素性を隠してファイトマネーを寄付しており、この偽名はそれにちなんだものだ。この運動は、わずか半月余で一〇〇〇件を超え、すべての都道府県に拡がった。

日本では継続的な慈善活動が定着しにくいと言われるが、「祭り」としてのチャリティーはむしろ好まれる。「タイガーマスク運動」の場合は、年末年始という「チャリティー祭り」にふさわしいタイミングと、マスコミ報道によるフレームアップも相まって、二重に「祭り」化していったようにもみえる。

この「祭り」の要素として特異だったのは、当初の「伊達直人」からキャラクターがどんどん拡散し、多様化していったことだ。そのリストには星飛雄馬やアンパンマン、ディズニーやジブリ作品の登場人物、涼宮ハルヒや初音ミクといった、新旧さまざまなキャラの名前が連なっている。

もはやこれは「匿名の善意」などではない。むしろ「キャラの善意」と考えるべきではないか。この「祭り」を盛り上げ連鎖させていった最大の要因は、あたかも「コスプレ」のように「慈善キャラ」になりきりたい、という人々の欲望ではなかったか。実名での寄付はリスクが高い（世間体やバッシング）。匿名の寄付は結果がわからないのでやりがいに乏しい。キャラになりきっての寄付行為は、実名と匿名のちょうど中間の選択として、まことに格好のアイディアだったのだ。キャラは必ずしも「匿名」ではない。少なくともメディアや噂の中では「あれは自分だ」という同一性が保たれる。

この運動は、日本人がキャラになりきるという身振りにどれほどなじんでいるかをあらためて認識させてくれた。小さな善意の表現形式として、この「キャラ祭り」は、日本人ならではのナイスな「発明」だったのだ。たとえ一過性で終わったとしても、そのことの価値は誇っていいと僕は考えている。

こうした運動の出現は、僕たちにとっての「キャラ」がもはや目新しい概念などではなく、日常的概念としてすでに応用段階に入ったことを示唆している。しかし日常に浸透した言葉は、しばしば意味や用途が拡散してしまい、定義したり本質をつかんだりすることが困難になりがちだ。

本書はそうした状況をふまえ、あらためてキャラの本質について、事例に基づき原理的に考察し直そうとする試みである。

第1章 「キャラ」化する若者たち

教室空間における「キャラ」

二〇一〇年一一月二〇日付『朝日新聞』朝刊に「キャラ　演じ疲れた」というタイトルの記事が掲載された。この数年間、子供たちからキャラという言葉がしばしば聞かれていたが、当の子供たちがそうしたキャラを演じ続けなければならない世界に疲れはじめている。そういう趣旨だった。

以下、記事から引用してみよう。

「『私、キャラ変えしたいんです。このままじゃ、自分が馬鹿になりそう』。山陰地方のある中学校に設けられた相談室。夏の初め、臨床心理士の岩宮恵子さんのもとを制服姿の女子生徒が訪れた」。彼女は友達から突っ込まれるのを防ぐために「天然キャラの不思議ちゃん」を演じていたのだが、本当の自分とかけ離れたキャラを演じ疲れ、高校に入学したらキャラを変えたいと願っているというのだ。ほかにも「いじられキャラ」を演じてクラスに居場所を作ったり、「毒舌キャラ」と呼ばれる女子が、実は「最近まわりに毒舌を期待されて疲れる」と悩んでいるエピソードが続く。案の定、彼らの「お手本」はバラエティー番組のお笑いタレントのやりとりだった。

ここ数年ほど、学校空間における「キャラ」の重要性については、さまざまな立場から指摘されつつある。

ある調査によれば、教室には生徒の人数分だけのキャラが存在し、それらは微妙に差異化されながら、「キャラがかぶらないように」調整がなされているという。

具体例としては「いじられキャラ」「おたくキャラ」「天然キャラ」などが知られている。どんなキャラと認識されるかで、その子の教室空間内での位置づけが決定する。平和で楽しい学校生活を続けていく上では、もはやキャラなしではやっていけない、というのが、大げさではなく実情なのだろう。

そう、いまや教室空間は、「キャラの生態系」ともいうべき様相を呈しつつある。そこには弱肉強食の食物連鎖があり、あるいは互いのテリトリーを侵犯しあわないための「棲み分け」がある。ならば教室空間を支配する「適者生存」の原理とはいかなるものなのか。

教室におけるキャラの成立を考える際、理解しておくべき背景が二つある。「スクールカースト」と「コミュニケーション格差」だ。

まずスクールカーストから説明しよう。教室内には決まって複数のグループがある。これらのグループ間にははっきりとした上下関係があり、極端な場合、個々の生徒たちは、グループを超えて交流することはまずないとされる（土井隆義『キャラ化する／

される子どもたち』岩波ブックレット)。

この生徒間のヒエラルキーを指す言葉が、スクールカーストである。由来はもちろん、インドのカースト制度だ。小学校時代はこうした〝身分差〟はそれほど目立たないが、思春期を迎える中学生以降は、こうした階層化が急速に進むという。

このとき、いわば「同じ身分」であるグループ内で、それぞれの個人に振り分けられるのが、役割としてのキャラなのである。その振り分けは自然発生的になされることが多く、しばしば本人の意図を超えて決定づけられる。

キャラは本人が自認している性格傾向とは微妙に異なっている場合もあるが、いちど決められたキャラはほとんど変更できない。キャラから逸脱した行為をしたりすると、それを理由に無視や仲間はずれなどのいじめに発展する場合すらある。つまり、キャラは実質的には、ほとんど強制されることになるのだ。

ところで、スクールカーストの構成は、おおむね次のようになっている。

カースト上位者(一軍、あるいはAランク)を占めるのは、次のようなタイプの生徒だ。サッカーや野球などの、運動能力が優れている(ただし運動なら何でも良いわけではないらしい)。コミュニカティブで友人が多く、場の空気を支配し笑いがとれる。スタイルやファッションを含めて容姿に恵まれ、異性関係が豊富で性体験もある。カースト下位の生徒をいじって笑いものにしたり、嫌な仕事を押しつける力がある。

　カースト下位（三軍、あるいはCランク）についてはこの逆を考えればよい。運動が不得手もしくは文化系で、外見がぱっとせず異性関係も苦手、とりわけおたく系の趣味があることは、カースト最下位が確定したも同然であるという。ちなみに「知識が豊富」「勉強ができる」は、いまや人望とはまったく無関係の能力になり果てているようだ。

　二軍、もしくはBランクについては、上位と下位の中間層であり、大多数の生徒はここに含まれるようだ。

　これらの階層は流動性に乏しく、いったんカーストが決定してしまうと、少なくとも一年間――つまり、次のクラス替えまで――は安定したものになる。こうしたカースト認定の決まり方について、森口朗は次のように述べている。

「子ども達は、中学や高校に入学した際やクラス分けがあった際に、各人のコミュニケーション能力、運動能力、容姿等を測りながら、最初の一〜二ヶ月は自分のクラスでのポジションを探ります。

　この時に高いポジション取りに成功した者は、一年間『いじめ』被害に遭うリスクから免れます。逆に低いポジションしか獲得できなかった者は、ハイリスクな一年を

過ごすことを余儀なくされます」(『いじめの構造』新潮新書)

ここでとりわけ重要なのが、「コミュニケーション偏重主義」である。再び森口朗によれば、「スクールカーストを決定する最大要因は『コミュニケーション能力』だと考えられている(但し、高校の場合は学校のレベルにより学力や喧嘩の強さも大きな要因となる)」(前掲書)。

そう、いまや子どもたちの対人評価は、ほぼコミュニケーション・スキルの巧拙によってのみ決定づけられると言っても過言ではない。これはあきらかに異常事態である。

僕が中学生だった三〇年ほど前の教室では、いまなら教師に間違いなく「場面緘《かん》黙《もく》」やら「広汎性発達障害」やらの「診断」を下されたに違いないほど無口な生徒が二、三人はいたものだ。

確かに彼らは、見かけ上のコミュニケーション・スキルは低かったかもしれない。しかし彼らは、無口であっても球技が得意だったり、絵がうまかったりする点が評価されて、他の生徒から一目置かれていた。

安易に「昔は良かった」と言うつもりはない。ただ、一つはっきり言えることは、かつてのほうが生徒間の対人評価軸はずっと多様だった、ということである。いまやコミュニケーション以外の才能は、ほとんど顧みられることはない。

かつての子供社会においてはそれなりに意味のあった「勉強ができる」「絵がうまい」「文才がある」といった才能は、対人評価軸としてはもはや意味をなさなくなってしまった。それどころか、場合によってはそうした才能を発揮してキャラを逸脱してしまったがゆえにカーストを転落する、といった事態もありうるのだ。

起源としての「じぶん探し系」

僕が若者におけるコミュニケーションの様相が変わりつつあると実感したのは、一〇年ほど前に書いた、ある原稿がきっかけだった。某誌の企画で、渋谷と原宿でサンプリングした若者数人にインタビュー取材を行い、彼らに何らかの〝部族《トライブ》〟としての違いがあるかどうかを検討しようというものだ（斎藤環『若者のすべて』PHPエディターズ・グループ所収）。

取材の結果は予想以上だった。簡単に言えば渋谷系の若者は友人がやたらと多くコミュニカティブ、原宿系の若者は対人関係はそれほど多くはないが自分の目標をしっかり持っている、そういう違いがはっきりと現れたのだ。

サンプリング数がそれぞれ三例ずつと少ないため、これをフィールドワークの成果と称して一般化するつもりはない。ただ、このインタビューの経験は、若者について考えるさいの一つの構造的視点をもたらしてくれたのだ。

それはこんな考え方だ。現代の若者はコミュニケーション能力を軸として、おおまかに二つのモードに分類できるのではないか。すなわち「じぶん探し系」と「ひきこもり系」である。

あらかじめ断っておくと、この二つの系はあくまでも可逆的なモードであって、固定的な性格分類とは異なる。同じ個人が場面によって「じぶん探し」的にふるまったり、「ひきこもり」的な顔を見せたりもする。僕自身、押しも押されもしない「ひきこもり系」を自認してはいるものの、つきあう相手や状況によっては「じぶん探し」的に振る舞ってしまうこともある。

「コミュニケーション能力」と「自己イメージの安定性」は、しばしば反比例の関係にある。この傾向は、とりわけ思春期・青年期において、極端な形で現れやすい。たとえば「ひきこもり系」の若者は、一般にコミュニケーションに消極的、あるいは不得手であるかわりに、比較的安定した自己イメージを持っている。いっぽう「じぶん探し系」の若者は、きわめてコミュニカティブであるかわりに、自己イメージが不安定になりやすい。

それゆえ、彼らが社会適応に挫折しドロップアウトしていく場合の方向性もかなり異なる。「ひきこもり系」は文字通りひきこもってしまったりホームレス化してしまう危険がある。これはコミュニケーションの遮断をいっそう徹底する方向だ。いっぽう「じぶん探し系」はカルトにはまったり自傷行為に走ってしまうおそれがある。こちらは逆に、コミュニケーションや人間関係への依存が暴走を起こしていると考えられる。

「キャラ」とは、「じぶん探し系」のためにあるような言葉である。自己イメージが定まらない、言い換えれば、異なったコミュニケーションの空間で、その都度場面の空気に沿ってキャラを作り出し、あるいは微調整する才能は、「じぶん探し系」の独《どく》擅場《せんじょう》であるからだ。それはいわば、うまく仮面を演ずるための才能なのである。

これに対して「ひきこもり系」は、ことキャラに関しては惨敗を喫するほかはない。彼らはコミュニケーションへの苦手意識が強く、なまじ「自己イメージ」が確立しているために、場面ごとにキャラを作り替えることにも不器用であるためだ。もちろん先述したとおり、無口であることでキャラが立つ場合もあるにはあるのだが、それはかなり例外的な事態なのである。

結果的に現在の学校空間において上位を占めるのは、圧倒的に「じぶん探し系」の生徒たちだ。彼らは過剰にコミュニカティブであるがゆえに、容易に同質集団を形成し、クラスの中心となって支配的に振る舞う。いっぽう「ひきこもり系」は同質集団としての凝集力が弱く、それぞれが孤立しがちであり、クラスの中でも周縁的で浮いた存在になりやすい。スクールカーストの中にあって、彼らの存在は無視されるか、コミュニケーションのネタとしていじられるくらいの価値しかないのだ。

いじめ小説における「キャラ」

本来ならここで、スクールカーストやキャラの事例を挙げておくべきかもしれない。しかし本書では、あえてフィクションの中に事例を求めることにする。誇張を含んだ表現においてこそ、キャラの機能や意味が検証しやすくなると考えるからだ。

ただし、ここで取り上げる三作品は、それぞれの作者が経験してきた現実の教室空間における政治をリアルに反映していると考えられるため、ある種のドキュメンタリーとしての価値も十分にあるとみなしてよいだろう（以下の引用では、ストーリーの重要な部分について触れている）。

まずは、弱冠一五歳で文藝賞を受賞しデビューした女子高生作家・三並《みなみ》夏の『平成マシンガンズ』（河出書房新社）。本書では「キャラをはみ出す」（そのキャラに期待される言動のパターンを逸脱すること）ことの恐怖が、繰り返し描かれる。

主人公の朋美は、ふとしたことから親しくしていたグループの仲間にいきなりハブられる（無視される）。自分の家庭の知られたくない事情を尋ねられ、普段から演じていた「地味っ子」キャラとは違うリアクションを返してしまったことが原因である。目には見えないスクールカーストが厳然と支配する教室空間では、自分に割り振られた「キャラ」を、徹底して演じきらなければならない。従来のいじめ論では、あまり触れられてこなかった部分である。

『平成マシンガンズ』の冒頭近くで紹介される「相沢くん」のエピソードは、さらに悲惨だ。ずっと「いじられキャラ」だった相沢くんは、他の生徒から小突かれても抵抗せずにへらへらしているような男子だった。ところが、彼の作った俳句が地区の文集に入選してしまう。それが知れ渡ってから、クラスの雰囲気は激変した。そう、相沢くんは分不相応にも、いじられキャラを乗り越えてしまったのだ。〝罰〟としてクラスメート全員から徹底的に無視された相沢くんは不登校に追い込まれてしまう。

ドラマにもなってベストセラーになった白岩玄の小説『野ブタ。をプロデュース』（河出書房新社）は、「いかにしてキャラを立てるか」を中心テーマとしている。主人公・桐谷修二は、誰からも冷めた距離を取りながら、スクールカースト最上位の人気者キャラを維持すべく、日夜努力を欠かさない高校生だ。桐谷はふとしたことから典型的な「いじめられキャラ」の転校生、野ブタこと小谷信太と関わりを持ち、彼を人気者に仕立て上げようと画策する。目論見は当たって野ブタは一躍人気者になり、いじめられキャラから愛される「いじられキャラ」へと昇格する。しかし、皮肉にも桐谷は自らのキャラ操作に失敗し、営々として築き上げた地位から転落することになる。

現役高校生がケータイで書いた小説として話題になった木堂椎《こどうしい》『りはめより100倍恐ろしい』（角川書店）もまた「キャラ」をめぐる物語だ。タイトルは「いじり」は「いじめ」よりもずっと悲惨であるというほどの意味で、『野ブタ』とは発想が逆だが、その点については今は措こう。

中学時代、ずっと「いじられキャラ」で苦労してきた「俺」は、平和で楽しい高校生活をめざして、自身のキャラを作り込もうと努力を重ねる。そんな「俺」の日常は、水面下での絶え間ない気配りと戦略の連続だ。自分と相手のキャラを認識し、キャラ同士のバランスをも意識しつつ、キャラがかぶったり自分のキャラからはみ出したりしないように、細心の注意を払わなければならない。

「俺」の戦略の一つは、自分がいじられキャラ認定される前に、別の標的を仕立て上げること。苦労の甲斐あって同級生の一人を首尾良く「いじられキャラ」に陥れるが、結局その戦略が彼の「命取り」になってしまう。

『りはめ』が面白いのは、高校生集団内部での、キャラのバランスや生成ぶりがきわめてリアルに描かれているからだ。もちろんフィクションとしての誇張はあるだろう。しかしここには、発表当時まだ高校生だった作者のリアルな日常感覚が反映されている。少なくとも、僕にはそのように感じられる。

以上の〝事例〟からわかることは、スクールカーストとキャラの生態系が、きわめて密接に結びついているという現実である。

キャラはいかにして浸透したか

繰り返そう。コミュニケーション格差がもたらすスクールカーストは、「キャラ」の生態系でもあるということ。教室という閉鎖空間の中で、生徒たちはさまざまな「キャラ」を演じわけることを強要される。「誰か」が命令するのではなく、ただ「空気」がそう命ずるのだ。

荻上チキは、学校空間を「終わりなきキャラ戦争の舞台」とみなす。「『悲惨ないじめられっ子』にならないよう『おもしろいいじられキャラ』でとどまることを選択すれば、『いじりキャラ』にくらべて『弱い』位置に置かれ、延々といじられキャラを演じつづけなければならない。もちろん、キャラ戦争にさらに敗北したものが、『インキャラ』『キモキャラ』という『いじられキャラ』にされ、さらに『目』(め)をつけられることによって『いじめられキャラ』になる場合も考えられる」(荻上チキ『ネットいじめ』PHP新書)。

このようにして生成してきたさまざまなキャラの棲み分けは、ある種の不文律にもとづいて正確になされる。たとえば「キャラがかぶる」(一つの階層集団内に似たようなキャラが二人以上存在すること)ことや、「キャラをはみだす」ような事態は厳格に忌避される。もしこれに違反してしまうと、そのこと自体が新たないじめを誘発しかねない。その意味からも、キャラとはまさに生存競争のルールにほかならないのだ。「学校という空間は、閉鎖的な教室内で個人にキャラとしてふるまうことを求める空気をつくりだしたうえで、各キャラに対して独特の仕方でヒエラルキー構造を与えていく。そのヒエラルキーからは、学校空間にいつづけるかぎり逃れることはできないようだ。そこでは『強いキャラ』と『弱いキャラ』に強制的に分類され、『キャラ被り』した場合や、ダメキャラを与えられた場合は、『キャラチェン』『キャラ替え』をしなければ、『ちょうどよいぬくいところ』に行くことは難しい。それに失敗したものは『いじられキャラ』に落とし込められてしまう」(前掲書)

このようなキャラ化圧力を助長するのが、ケータイをはじめとするネットカルチャーである。

荻上によれば、小学生の約三割、中学生の約六割、高校生の約九割が携帯電話を所有している。その多くは携帯電話のメールやサイト閲覧機能を利用している。加えて小学生の約六割、中高生の約七割が、パソコンによってインターネットを利用した経験を持っている（前掲書）。

これらのメディアは、現実の人間関係を「上書き」するような機能を持っている。ふだんから親密な相手とはメールのやり取りも頻繁になり、教室内のいじめ関係は、ネット上にもそのまま持ち越される。

ネット空間といえば匿名かつ不特定多数の相手との流動的な関係性が連想されがちだが、ケータイはむしろリアルな人間関係を「上書き」するのだ。それによって現実のコミュニケーションの敷居が下がったり、あるいは多重化したりするという意味においても。

一九九〇年代後半以降、インターネットやケータイをはじめとするコミュニケーション・ネットワークの進化と浸透は、ほとんど革命的な変化だった。そうしたインフラの発展とともに、社会全体がコミュニケーション偏重主義に陥ってゆくのは、半ばは必然的ななりゆきだったとも言える。この動向は当然のことながら、子供社会にも大きな影響を及ぼしたのである。

そうした中でコミュニケーションの様相も変わっていく。現代のコミュニケーションスキルにおいて、好ましいとされる属性は以下のようなものだろう。メッセージ内容の軽さと短さ、リプライの即時性、頻繁かつ円滑なやりとり、笑いの要素、顔文字などのメタメッセージの多用、キャラの明確さ、などである。それでは果たして、キャラとコミュニケーションはいかなる関係に置かれているのだろうか。

「キャラ」はいかなる機能を持つか

ただし、このような現実があるからといって、キャラ文化こそがいじめの温床なのだ、と結論づけるのはいささかナイーブすぎる。そもそも何のメリットもない文化が、これほど広く受容されるとは考えにくい。

メリットについては後ほどふれるが、まずデメリットについて検討しておこう。その最大のものは、キャラ文化がやはり、いじめ関係につながりやすい構造を持つという点だ。

内藤朝雄は『いじめの社会理論』（柏書房）で、いじめが生ずるメカニズムを「中間集団全体主義」と名付けている。この中間集団はさまざまな同調圧力の温床であり、そこからもいじめが生じてくる。

キャラの分担を決定づけるのも、こうした「教室」や「仲良しグループ」という名の中間集団内部の力学だ。『野ブタ』や『りはめ』に描かれるのは、こうした集団力動のロジックを逆手にとって、それをコントロール下におこうとする試みなのである。

多くの中間集団において、こうしたキャラ分担の力学が作用している。この力学はキャラの多様性よりはキャラの定型化をもたらす。その結果、メンバーの誰かが定型キャラである「いじめられキャラ」や「いじられキャラ」を分担せざるを得なくなる。

こうしたキャラの棲み分けに基づくスクールカーストには、教室空間を安定させる作用がある。問題なのは、カーストの安定が自己目的化してしまい、キャラ分担がなかば強制的になされてしまうことだろう。

このとき、キャラ分担をもたらす集団力動そのものの中に、いじめの萌芽がすでに含まれているのだ。その意味で「キャラの分化」といじめとの間には、きわめて密接な関係があると考えられる。

次に「キャラ化」のメリットについて考えてみよう。

その最大のものは、コミュニケーションの円滑化である。相手のキャラがわかれば、コミュニケーションのモードも自動的に定まる。キャラというコードの便利なところは、もとの性格が複雑だろうと単純だろうと、一様にキャラという枠組みに引き寄せてしまう力がある点だ。

瀬沼文彰によれば、他人のキャラは饒舌に語る高校生たちに、本人のキャラについて尋ねてみると、意外にも「よくわからない」と答えるらしい（『キャラ論』）。ただしこの回答は、「全く見当もつかない」という意味ではないはずだ。もし本当に自分のキャラが理解できていなければ、キャラがかぶったりはみ出したりしないための配慮もまた不可能なはずなのだから。

この「わからない」の意味は、「みんなからどういうキャラとして認知されているかはわかるが、それが自分の性格と言われてもピンとこない」ということではないだろうか。

この意味でキャラ自認は、いわゆる性自認などとは異なり、自我親和性が低い。冒頭に引いた子供たちのキャラ疲れも、このあたりに起因するのだろう。その意味でキャラとは、自発的に「演ずる」というより、子供たちのコミュニケーション空間の中で「自認させられ」、「演じさせられる」ものなのである。

たとえ「これが自分」という実感が伴わなくても、いったんキャラ自認が成立すれば、「自分とは何か」という問いからは解放される。「キャラを演じているに過ぎない」という自覚は、キャラの背後にある（と想定される）「本当の自分」の存在を信じさせ、また保護さえしてくれるだろう。

演じているに過ぎないキャラが傷つけられたとしても、所詮それはフェイクの仮面なのであって、「本当の自分」とは関係ないと割り切ることもできる。同時にそれは、人生において誰もが避けることができない、「ある役割を演ずる」という行為の予行演習にもなるだろう。

さらにキャラという発明の良いところは、互いのキャラの再帰的な相互確認という行為だけで、親密なコミュニケーションを営んでいるかのような感覚をもたらしてくれる点だ。

僕はかつて、ケータイメールによるコミュニケーションを、情報量が少ないという意味で「毛づくろい」に喩えたことがある。これはコミュニケーションのありようが、意味のある情報を伝達し合う行為から、互いのキャラの輪郭を確かめ合うようなやりとりに変容しつつあることを指している。こうした冗長性の高いコミュニケーションの情報量は限りなくゼロに近づくのだが、親密さの確認においては新しい情報は少ないほうがいいのである。

その意味で「キャラ」とは、ある種のコミュニケーション・モードが凝集された疑似人格、と考えることもできる。これは後で述べるように、解離性同一性障害の交代人格を思い浮かべれば理解しやすくなるであろう。

解離性同一性障害の患者は、意図的かどうかは別として、甘えたい時には幼児の交代人格を、攻撃性を発揮したいときは乱暴者の交代人格を出す。それぞれの交代人格はしばしば類型的で深みがなく、内省能力も不十分であることが多い。その意味で交代人格は、「本来の人格」に準ずる仮想的な存在と考えることもできる。こうした属性は、ことごとく「キャラ」にもあてはまる。

ここからの連想として僕が考えているのは、現代の教室空間が、一つの多重人格空間のように構成されているのではないかという仮説である。キャラの重複や逸脱がゆるされないのは、キャラの生態系がおりなす微妙なバランスが混乱させられてしまうためではないだろうか。

「キャラの再帰性」は何をもたらすか

さきほど指摘した「キャラの再帰性」は、キャラという概念の本質にかかわるばかりでなく、一種のフィードバック回路を通じて若者のメンタリティそのものにも深く影響を及ぼしているように思われる。

それがもっとも顕著にあらわれているのが、近年続発した通り魔殺人事件である。とりわけ二〇〇八年は通り魔殺人事件が続発した年として記憶されている。同年三月には土浦市と岡山市で、六月には秋葉原で、七月には八王子市で、同様の犯罪が繰り返されたからだ。

事件の容疑者を擁護する意図は毛頭ないが、その背景にあるものの検討を通じて、〈ゼロ年代〉の「気分」がみえてくる。

秋葉原事件は派遣労働に代表されるような、若者の不安定就労問題としてまず認識された。この事件を契機に労働者派遣制度の見直しが進められたことからもそれは明らかだ。当事者の声よりもたった一つの事件を契機に政策が変わるという政府の旧態依然振りにはあきれるが、それはもちろん余談だ。

しかしそうした社会的背景だけでは、彼らのねじれた自己愛は理解できない。当時の報道を見る限り、彼らは一種の「負け組」意識を共有しており、そうした負の刻印は運命的なもので、努力やチャンスでは変わりようがないと確信しているかのようだった。一見自己嫌悪に見えるほどの否定的な意識は、しかしその確信ぶりにおいて「自己否定的な自己愛」と呼ぶに値する。こうしたねじれた自意識を、単に格差社会や新自由主義の産物とみなすのは無理がある。

むしろ、この意識の背景にあるものこそが、先ほどから指摘してきた「コミュニケーション偏重主義」と「キャラ文化」ではなかったか。

どういうことだろうか。通り魔事件の容疑者たちに共通するのは、彼らが非行体験や不良集団に所属した経験を持たず、むしろ学校や社会において〝コミュニケーション弱者〟であったという可能性だ。現代において、貧困や障害以上に不幸なことは「〝コミュ力〟がないこと」だ。言い換えるなら、個人の不幸のありようは多様であっても、不幸の原因はしばしばコミュニケーションの問題へと輻輳《ふくそう》させられてしまうのである。

たとえば秋葉原事件の加藤容疑者は、自ら開設した掲示板に「不細工には恋愛する権利がない」といった言葉を頻繁に書きつけていた。不細工、非モテといった言葉には、自らが決定的にコミュニケーション弱者であり、それはどうしようもないという諦観すらこめられている。

（【註】加藤容疑者は二〇一〇年にはじまった公判で「掲示板では非モテキャラを演じていた」として、自分には本当は友人も多かったなどと、報道を通じてのイメージとはかなり異なる証言をしはじめているようだ。しかし僕には、一連の証言から、自分の犯行動機に社会的背景が反映されてしまうことをできるだけ避けたいという強いバイアスが感じられる。彼は自分の犯した罪を十分に自覚しており、それを養育環境や社会的抑圧のせいにすることだけはすまいという強い決意があるのではないか）

「匿名性」とキャラ

一連の通り魔殺人事件に共通するもうひとつの特徴が「匿名性」である。

どの事件においても容疑者は、判で押したように「誰でも良かった」と口にした。まるでネット上で有名なテンプレ（決まり文句）、「むしゃくしゃしてやった。相手は誰でも良かった。今は反省している」をなぞるかのように。

殺人の動機ですら、借りものの言葉でしか語れないということ。

かつて若者の凶悪犯罪は、九〇年代の酒鬼薔薇事件のように、容疑者の自己表現であり存在証明というスタイルをとっていた。あの特異な犯行声明文からも、そのことははっきり読み取れる。

しかし、一連の通り魔殺人には、そのような「表現衝動」もはるかに希薄だ。僕には彼らの「誰でも良かった」という言葉が、被害者だけを指すようにはどうしても思えない。「誰でも良かった」のはむしろ、彼ら自身のことではないのか。そう、少なくとも僕には、「(これをするのは)自分ではない誰でもよかった」という呟きが確かに聞こえたのだ。

彼らの犯行に共通するのは、それが一種の〝自爆テロ〟としてなされていることだ。彼らはかなり緻密な犯行プランを立てながら、決行後の逃走経路についてはろくに考えていない。まるで、あらかじめ逮捕され極刑に処せられることを望むかのような自暴自棄ぶりだ。

そして、そこまでのリスクを犯しながら、それでも彼らは自らの匿名性は救えないかもしれないと絶望しているのではないか。

いまや犯罪は、この不完全な社会システムが一定の確率ではらんでしまうリスクないしバグとして生じ、その都度、法と制度にもとづいて粛々と処理《デバッグ》される。彼らもまた、そうしたバグの一つにすぎず、それは運命や必然性とは無関係な、純粋な確率の問題なのである。それが確率の問題である以上、彼らはいくらでも取り替えのきく存在、すなわち匿名の存在であることを免れない。

自分が確率に晒された匿名の存在であるという自意識。これは必ずしも、「負け組」だけのものではない。

上の世代は言うだろう。ともかく一歩踏み出してみよう。やってみなくては何もわからないじゃないか、と。若者になりかわって僕が答えよう。おっしゃることはまことにごもっとも。実に正論ではある。でも残念ながら、そういうのぜんぶ想定の範囲内なんだ。

やればうまくいくかもしれない。やり方のヒントもネットにいくらでも転がっている。あとはやる気だけだ。僕たちも、そんなことは何百回、自分自身に言い聞かせてきたかしれない。でも僕たちには見えてしまった。勝つのも負けるのも、しょせんは確率の問題でしかないってことが。

じゃあ勝てる確率に賭けてみろって？　わかってないなあ。ことが確率の問題である以上、勝っても負けても、永遠に「安心」はないんだよ？　だってどんなに成功しても、僕はずっと匿名のまま、依然として確率の問題に晒されているんだから。

人にはおそらく〝幸福の才能〟というものがある。偶然の成功体験を、これは必然の運命だったと自分に信じ込ませる才能のことだ。そうした必然性への〝信仰〟が、自らを取り替えのきかない固有の存在であるとみなす確信の基盤にある。それを〝信仰〟と言ったのには理由がある。まず、そこには何も根拠がないこと。そして、多くの若者がその〝信仰〟を捨てつつあること。必然性や固有性の名において匿名性を回避できないならば、もはや逃げ道はないのだろうか。

ここにおいて要請されたのが「キャラ」なのである。自分の取り替えのきかなさ、すなわち「固有性」には、つきつめてしまえば根拠はない。つまり記述不可能だ。たとえば精神分析は、この無根拠な一点においてこそ、人間の主体は支えられると考える。これがいわゆる「否定神学」だ。

後で述べる伊藤剛の指摘で有名になったキャラクターとキャラの区分について言えば、キャラクターはこうした固有性をどこかに秘めている。しかしキャラにはその意味での「固有性」は乏しい。ラカンの精神分析を否定神学として批判した東浩紀が、確率論からキャラの理論化に向かうのは必然的ななりゆきなのだ。

しかし、この確率的な世界にあっては、そのような固有性を信ずることはできない。すべてが偶然的であるという信仰は、〝このただ一つの世界におけるただ一人の自分〟という必然性への信仰を土台から掘りくずす。そう、つまるところこのふたつの信仰は、カント以来の「偶然と必然のアンチノミー」の問題に帰結するのだ。つまり、いずれの信仰にも根拠はない、ということ。しかしたまたま現代においては、諸般の事情から「すべては偶然」教の勢力が優勢であるということ。「すべては偶然」教の世界観のもと、個人は取り替え可能な存在として匿名化されると同時に、もう一つ重要な変化が起こる。それは「世界の複数化」だ。同じことだが、世界の多重化と言ってもいい。このふたつは表裏一体の関係にある。個人の匿名化が世界の複数化を要請し、世界の複数化は個人の匿名化を必然的にもたらす。

あなたは大きな成功体験をおさめた瞬間に、こんな感覚を持ったことはないだろうか。「ああ、今回はたまたまうまくいった。でも『次の人生』でも同じように成功できるだろうか……」と。告白すれば、実は僕は、しばしばそういう感覚に襲われる。そう、この瞬間だ。〝私の世界〟が複数化し、〝私〟が匿名化にさらされるのは。もし心から「人生は一回きり」と信じられていたら、成功体験をしみじみと味わい、明日からの自信につなげることができるだろうに。

長い前置きになったが、この「すべては偶然」教とキャラには、かなり密接な関係がある。匿名化にさらされた個人の心に、固有性とは別のしかたで一つのまとまりを与えてくれるのが「キャラ」なのだ。記述しきれない固有性とは異なり、キャラは記述することが可能である。むしろ、常に記述されなければ存続できない存在がキャラなのだ。

また、後で詳しく触れるように、キャラのもう一つの特徴として、複数の世界のどこにあっても、そのキャラの同一性を維持できる、ということがある（ここでとっさに『ドラえもん』のタイムスリップものを思い出したあなたは正しい）。先ほどの僕の個人的感覚に即して言えば、この人生でも「次の人生」でも、キャラは変わらない、ということだ。

そんな中でキャラを維持させてくれるのが、コミュニケーションの力なのである。「かけがえのない世界の、かけがえのない自分」に対する〝信仰〟を失った個人が、こころの安定をキャラに託そうとするなら、キャラの記述＝相互確認を可能にしてくれる再帰的コミュニケーションの中に、繰り返し身を投じ続けるほかはない。実際、それ以外に手段はないのだ。

ただコミュニケーションのみが、みずからのキャラ＝再帰的同一性を維持してくれるということ。

それは偶然性と匿名性という、いわば流動性のきわみに身をさらしながら、辛うじて自意識の同一性と連続性をつなぎとめる、ほぼ唯一の手段だ。その意味でキャラの獲得は、仮の待避所として束の間の安心を与えてくれはする。しかしその代償も、決して小さいものではない。

代償とは何か。まず第一に、キャラ化は成長と成熟を阻害する。どんなキャラでも、その記述が常にコミュニケーションの中でなされる以上、キャラからの逸脱はほとんど〝本能的〟に忌避される。だから、一度自分のキャラが確定してしまったら、そこから「降りる」ことはほぼ不可能となるのだ。

僕はかつて、完璧なコミュニケーションは成長を阻害する、と書いたことがある（『文学の断層』朝日新聞出版）。完璧な、すなわち誤解やノイズを含まないコミュニケーションは、完璧な相互理解をもたらすと同時に、〝そこで理解されてしまった自分〟＝キャラへの強い固着をもたらさずにはおかない。この固着こそが、個人の変化と成長を妨げる当のものなのだ。

先に述べた自己否定的な自己愛も、おそらくここに由来する。コミュニケーションを通じて、たまたま否定的な自己イメージ（インキャラ、非モテキャラなど）に固着してしまった個人は、否定的な自己イメージのリアリティ（それがたしかにそこにあること）を再確認することによってしか、自己愛を維持できなくなってしまうからだ。

周囲からネガティブなキャラ認定をされてしまったにもかかわらず、そうしたキャラを積極的に引き受け、演じているようにみえる個人が少なくないのはそのためである。不本意なキャラをひきうけるのは辛いことだ。しかし、そんなキャラでもひとたび失ってしまったら、大げさではなしに〝この世界〟に居場所はなくなる。それは、いやなキャラをあえて引き受けるよりも、はるかに恐ろしい事態なのだ。

このとき、自傷や自己否定といった、いわば自分自身とのコミュニケーションもまた、キャラを確定するような再帰性をはらむ。加藤容疑者の書き込みの、自問自答ぶりを思い出してみよう。

精神科医として困惑せざるを得ないのは、こうした自傷的キャラ設定がいったん成立してしまった後で、肯定的な自己愛をいかにして回復させるのか、そこに確乎とした答えが見あたらないということだ。

この問題は言ってみれば、〝安全や自由のほどよい充足〟と引き替えに、とめどなく人々が匿名化へと向かうほかはない現代的趨勢に抗うべく、あえて「固有性」を擁護する、という極めつけの難問にほかならない。これは別の言い方をするなら、社会工学的な知の趨勢（自然科学的とは言うまい）に対していかに人文知のポジションを確保するかという話でもあり、そうだとすれば状況はさしあたり絶望的とすら言える。この問いに対して少なくとも理論的には、すっきりした解はみあたりそうにない。

自己愛にとって最も重要なものこそが、再帰的コミュニケーションによって維持される「自己同一性」であるということ。それがすでに成立してしまっているのなら、そのこと自体の当否を問うのは難しい。そこには問題のみならず、それと同程度のメリットも想定されうるからだ。

ここで僕が記しておいた「自己同一性」という言葉には特に注意を促しておきたい。この、あまりにも人口に膾炙した言葉は、まったく自明のものではない。「自分が自分である」ということの拠り所は、おどろくほど「はかない」のだ。それは、自分がいかに「解体」しやすい存在であるか、という臨床的事実からもうかがえる。次章ではそれについて、少し詳しくみておこう。

第2章　「キャラ」の精神医学

「キャラ」の精神医学

精神医学的に「キャラ」を考える場合、どのような考え方が可能になるだろうか。「パーソナリティ障害」という意見もあるだろうが、僕は同意できない。なにしろ分類がたったの一〇種類しかないのだ。そんな貧しい概念でキャラの豊穣さを網羅できるとはとても考えられない。

僕の考えでは、もっとも「キャラ」に近い存在とは、解離性同一性障害（DID＝多重人格）における交代人格だ。私見ではあれは「キャラに近い」どころではない。むしろ「キャラそのもの」である。

DIDでは、もともとの人格にくわえ、場面や状況によって、名前も年齢も性別もさまざまな複数の人格が出現する。フィクションに登場するような交代人格は、それぞれが自律した人格を持ち、普段の人格からは想像もつかないような知恵や行動力を発揮する。

しかし実際には、そこまではっきりとした自律性を持つ交代人格はまれである。少なくとも僕には経験がない。一般にDIDの交代人格というのは、かなり素朴で深みのない、それこそアニメキャラに喩えたくなるような、輪郭のはっきりした人格単位である。

ひとつ興味深いのは、ほとんどの場合、彼らはファーストネームは持っているが、「姓」が欠けているという点である。その名前にしても、「レイ」とか「ユイ」あるいは「マナ」といった、中性的で無国籍な、あえて言えばアニメ風なものであることが多い。

さらに特徴的なのは、交代人格はほとんどの場合、年齢や性別、趣味嗜好、性格傾向がきわめてはっきりしていることだ。つまり、記述しやすく輪郭がはっきりしているのである。「年齢や性別も定かではない人格」も時には存在するが、それは「謎キャラ」や「不思議キャラ」という設定と考えるなら、これもかなりわかりやすい。

かつての「二重人格」とは異なり、昨今の「多重人格」では、交代人格（＝キャラクター）の数も数人以上に及ぶことが多いが、（本来の性別とは異なる）異性キャラ、こどもキャラ、乱暴キャラ、クールキャラなどといった、一種定番ともいえる組み合わせになりやすい。このあたりは、教室もしくはグループ内のキャラの棲み分けを連想させる。

決して「キャラがかぶらない（似たようなキャラが二人以上いない）」ことも、よくよく考えてみれば不思議な話ではある。そういえばある虐待経験者の少女は、自分の中に人口数千人の「都市」があると語っていた。こういう場合の棲み分けはどうなっているのだろうか。

以前僕は、こうしたキャラの特徴を精神分析的に検討してみたことがある。彼らに「姓」が欠けていることは、ただちに「父の名」の抑圧ないし排除を思わせる(僕たちの姓はほとんど父方の姓だ)。ところで精神分析の文脈では、「父の名」は人間を去勢し、言葉を語る存在にする機能を意味している。してみると「父の名」の機能には、固有かつ唯一の自己同一性を保証することも含まれるのだろう。もし本当にそれが排除されてしまえば精神病(統合失調症)になってしまうが、DIDの場合はその排除があくまでも「想像的」なものにとどまるところがポイントである。

いささかわかりにくい表現だが、要するにこういうことだ。「ただひとりの、かけがえのない自分」という存在にタガをはめているのが「父の名」であるとすれば、そのタガが破壊された状態が精神病、タガがゆるんでしまってはいるが、破壊されるには至っていない状態がDIDなのだ。

DIDが発症するきっかけとして最も多いのは幼児期の性的虐待だ。そのメカニズムは、おおむね次のようなものである。

親から虐待される子供は、その苦痛を逃れるべく、無意識的に別の人格を作り上げる。それは幽体離脱のように、虐待されている自分を別の自分が外から眺める、という形を取ることが多い。その結果、虐待は自分ではなく、だれか別の子供に起こったことのように感じられるようになり、さしあたりひどい苦痛からは逃れることができる。

問題なのは、ひとたび解離を経験すると、容易にそれを繰り返しやすくなるということだ。必ずしも本人がそれを望まない場合でも、わずかな葛藤を避けるために心は解離をくりかえし、このため多数の交代人格が生じてくるとされる。

ならば治療はどうするのかと言えば、治療者はまず、それぞれの交代人格と平等に信頼関係を築き、最終的には〈人格の統合〉を目指すことになる。よく誤解されているように、交代人格を消してもとの人格だけを残すということはしない。具体的には、人格間の記憶の共有をたすけることを目指す。

ここでDIDのなりたちを別の角度から見るならば、それは「キャラクター化による固有名の障碍」とも考えられる。ただ一つの固有名が失われて、交換可能な複数のキャラが前景化すること。しかしそれは、固有名の障碍であると同時に、固有名の保護でもありうる。いやむしろ、防衛機制（保護のためのメカニズム）が暴走したためにもたらされた障碍とは考えられないか。同じく防衛機制としての「抑圧」が暴走すれば

「神経症」をもたらしてしまうように。

そう、「解離」とはそもそも、防衛機制の一つであった。以下、ごく簡単に説明をしておこう。

解離とは、僕なりの表現でいえば、「こころ」の時間的・空間的な連続性がそこなわれてしまうことである。念のため、解離問題の第一人者であるF・W・パトナムの記述も引用しておこう（『解離』みすず書房）。

彼によれば解離とは「正常ならばあるべき形での知識と体験との統合と連絡が成立していないこと」とされる。

解離には浅いものから深いものまで、いくつかの種類がある。代表的なものとしては軽い方から順番に「離人症」（自分自身をもう一人の自分が外から見ている感覚）、「健忘」もしくは「全生活史健忘」（いわゆる「記憶喪失」）や、「遁走」（かつて「蒸発」と呼ばれた行動）、そして解離性同一性障害である。

一九九〇年代、「解離」の事例、とりわけＤＩＤが急増し、「解離」は一躍、精神医学の中心的課題になった。しかし残念ながら、そのメカニズムの解明はいまだ不十分である。解離、とりわけＤＩＤは、そのあまりに想像的（わかりやすい）かつ虚構的

(ウソくさい)たたずまいゆえに、まともに相手にしない精神科医も少なくない。解離の研究者までが色眼鏡で見られてしまう現実も、解明の遅れの一因なのかもしれない。

ともあれ、解離の仮説だけなら、すでにさまざまなものが出されている。たとえば自己催眠仮説、側頭葉機能障害仮説、社会的役割仮説、恐怖条件づけ反応仮説などなど。この諸説入り乱れた状況そのものが、解離研究の混乱振りを反映していると言えば言いすぎになるだろうか。

パトナム自身が提案するのは「離散的行動状態」モデルである。僕の知る限り、おそらく現時点で最も洗練された解離のモデルだ。

これはいわば、解離を基礎づけるための発達理論である。

まずパトナムは、「人格」というものを、「行動状態」というモジュールの集合体と考える。その上で、このモジュールの組み合わせが、単純なものからより複雑な構造を持つ組み合わせへと「発達」すると考えるのだ。

たとえば新生児には、五つのモジュール(基礎的行動状態)があるとされる。すなわち、①状態Ⅰ(ノンレム睡眠)、②状態Ⅱ(レム睡眠)、③状態Ⅲ(意識明晰、不活動)、④状態Ⅳ(目覚め活動あるいは前啼泣状態)、⑤状態Ⅴ(大泣き)である。新生児の行動は、この①~⑤までの五つの状態を規則的にめぐることで成り立っている。

ここでいう行動状態モジュールとは、知覚、感情、思考、行動のワンセットの組み合わせのようなものだ。パトナムの独創性は、個人の心理状態の変化が、知覚や感情、あるいは行動といったそれぞれの領域ごとにばらばらに起こるのではなくて、ひとまとまりのセットとして起こるという視点を持ち込んだことである。子供が発達するにつれて、このモジュールの数は増え、モジュール間の関係も複雑化してゆく。

一つの行動状態から別の行動状態へのスイッチは、不連続的に起こる。また行動状態間の連結も、一方通行か両面通行かがあらかじめ決まっている。どういう経路に沿って変化が起こるかについての確率も定まっていて、ある行動状態から他の行動状態への移行については、しばしば予測することが可能であるという。

具体的には、「性的興奮」という行動状態から「性行為」という行動状態への移行は予測可能であるが、この過程は逆方向には進みにくい。同じ方向の反復があるだけである。同様のことは「排便をこらえている状態」から「排便行為」への移行についても言える。

ここで性行為について言えば、行動状態の移行が二人の間で感染する過程が観察できるだろう。また、排便に関して言えば、トイレットトレーニングによって行動状態間の移行制御を学習することができるだろう。つまり、行動状態とは、あらかじめ身体を巻き込んだ概念であり、それは学習によって発達させることも可能なのである。

かくして行動状態モジュールは、発達とともに複雑なシステムを形成していく。それは「行動建築」などとも呼ばれる。これほど複雑なシステムには、全体を統合しコントロールするための中枢的な機能が必要だ。これがなければ感覚や記憶の連続性が保たれなくなってしまう。ある状態での記憶が、別の状態時には想起できない、という具合に。この統合機能をパトナムは「メタ認知的統合機能」と呼ぶ。

この機能ゆえに「正常人の特異的、状態依存的自己感覚は相互に良く統合されているので、状態と文脈を超えて自己の連続性の感覚を維持できる」。つまり、離散的で不連続な「行動状態」は、先に述べたメタ認知的統合機能によって統合されているために、「自分は自分である」という感覚は常に保たれることになるのだ。僕たちが必ずしも解離することなしに使い分けている「キャラ」たちと、ＤＩＤの解離した交代人格との違いは、この統合機能の有無にある。

パトナムによれば、この自己組織化するシステムの総体が、僕たちの「人格」、ということになる。

以上がパトナムによる仮説の基礎モデルだ。こうしたモデルに基づいて、「解離」について考えてみよう。たとえばトラウマのようなストレスフルな体験をすると、それはしばしば、先に述べたメタ認知的統合機能を破壊してしまう。その結果、「行動状態」モジュール間の連絡が失調をきたす。すると、どういうことが起こるのか。それまで円滑に起きていた〈連絡〉が起こりにくくなったり、不随意的に起こったり、あるいは起こりすぎたりしてしまう。こうした〈連絡〉の失調状態こそが、解離現象の原因である、とパトナムは主張する。

たとえばある状況での行動状態で深く記憶された内容が、別の行動状態ではどうしても思い出せなくなってしまうような〈連絡〉の失調が「健忘」である。ならばDIDはどういうことになるのか。パトナムをそのまま引用するなら、それは同一性の解離性擾乱《じょうらん》として「自己史記憶への接近可能性と、内容による差異と、正常のメタ認知的統合機能の欠如とに乗じて次第に生成し複雑化する状態依存的自己感覚の結果」として生ずるとされる。

行動状態の統合に失敗すると、自分史という記憶へのアクセスのありようや、その内容についての混乱が生じる。そうした混乱を代償すべく、そのつど状態依存的に、複数の「自己感覚」が生ずるということだ。つまり、この自己感覚こそが交代人格なのである。

明快と言えば明快な説明で、説得力もある。しかし、僕はこの仮説について、いささか「やりすぎ」感を覚える。解離現象を説明するだけのために、パトナムは人間の「心的装置」のグランドセオリーを書き換えようとするかのようだ。なるほど、もし人の心が行動状態モジュールの統合システムであるのなら、解離の説明はいともたやすいものになる。しかし、この仮説で説明できるのはそこまでだ。

パトナムの仮説で最も問題なのは、このメカニズムでは例えば「統合失調症」とDIDの違いを説明できなくなってしまう、という点である。そればかりではない。うつ病や摂食障害、あるいは強迫性障害といった、明らかに解離とは無関係な疾患についてまで、解離のメカニズムを使わずに説明することが困難になってしまう。

もっとも、解離性障害を「新しい人間のモデル」とする理解が、現在一定以上の勢力を獲得してしまっているのも事実だ。

「人格の同一性は重要ではない」と断言するデレク・パーフィット、多次元草稿モデル（脳を並列分散型の巨大コンピュータに喩え、意識をこのコンピュータに実装されたミーム・ソフトであるとする）を提唱するダニエル・デネット、あるいは非人格的な無数の「エージェント」の作動が意識を構成するとするマーヴィン・ミンスキーらの仮説などもある。東浩紀のデータベース理論における解離の重視もこうした議論と親和性が高い。これにパトナムのものを加えて、ひとまとめに「心のモジュール仮説」群、と呼ぶことにしよう。

心理学と脳科学を架橋しようと考える時、「心のモジュール仮説」はうってつけの理論に思える。しっかりした階層性を持つハードウェアとしての脳神経系と心を結びつけるなら、実際これ以上の仮説はない。また、僕たちの心が〝健常〟に作動している限りは、モジュール仮説は妥当であるようにも思われる。

しかし、ひとたび精神障碍の側からの検証を試みるならば、つい先ほども述べたとおり、このモデルはほとんど使い物にならない。「心のモジュール仮説」は、精神のグランドセオリーとしてはいささか単純すぎるのである。それはいわば、脳という仮想的枠組みに無理やり心をねじ込んでいるという意味で、いかにも「プロクルステスの寝台」的発想だ。少なくとも一〇〇年にわたって発展してきた精神分析の知見を書き換えるだけのインパクトはまだない。

このあたりはキャラクターの問題とは直接関係がないので、これ以上深くは立ち入らないが、僕自身は「解離」はあくまでも想像的な病理であると考えている。これは精神分析的に言い換えるなら「ヒステリー」の問題、ということだ。だから解離の病理は、脳神経系を巻き込まないし、CTやMRIを使っても解離の診断は下せない。パソコンで言えば、パソコン本体のCPUやOSは正常なのだが、アプリケーションが暴走している状態、という比喩がいちばん近い。

キャラの一つの身体

パトナムの仮説においては十分に論じられてはいないものの、「DIDと身体」の関係について検討しておくことは、きわめて重要である。少なくとも「キャラの精神医学」を考える上では、避けるわけにはいかない論点だ。

パトナムは身体を行動状態の一要素として位置づけてはいるものの、ある行動状態のコンテクストがいかに身体を巻き込むかについては、あまり詳しく記していない。しかしDID事例においては、人格が変わると身体のありようも変化することがよく知られている。

僕が経験した範囲でも、口調や声のトーン、姿勢や表情の変化はほぼ必ず起こる。もっとも、このあたりまでは身体化というよりも「演技」の範疇かもしれない。あるいは、嗜好（甘い物、喫煙など）や知覚の変化などもしばしばみられる。また、ある女性事例には男性の交代人格が複数いたのだが、月経期間中にこれらの男性人格は出現することができなかった。

僕は経験したことがないが、利き手や食事の好み、血圧や脈拍などの生理的状態、あるいは人格交代によって脳波も変化するという報告まである。

ちょっと奇妙なのは、それぞれの交代人格が、みな個性的な身体を持っているということだ。同一の身体を共有しながら、人格の交代とともに身体のイメージも変容するのである。DID事例の多くで、自分の中にいる交代人格の姿をしばしば〝目撃〟したと報告されているが、交代人格が特徴的な身体を持っているからこそ可能なことだろう。ついでに言えば、ネット上でDID患者が描いた（とされる）「交代人格のイラスト」をときどき見かけるが、その多くがマンガ的なキャラとして描かれている。

パトナム自身も著書でDID事例を紹介している。「ティナ」と呼ばれる一五歳のヨーロッパ系アメリカ人だ。彼女には「ゴー・ゴー・イン・ザ・ミックス」という名のアフリカ系アメリカ人少女の交代人格がいた。人格交代が起こると、ティナの皮膚には変化が起こったという。「鮮やかな赤みを帯びたシミ様の発疹が現われた。はじめは咽喉に現われ、顔と腕に広がった。ティナがふたたび現れると、発疹は消えていった」。ちなみに、こうした身体的変容の報告は、一九世紀に書かれたDIDの古典的報告であるモートン・プリンス著『失われた〈私〉を求めて』（学樹書院）にも記されている。

ところで、ここまで読んできて、不思議に思った人はいないだろうか？　そう、なぜＤＩＤにおいてすら、「一つの身体」に「一つの人格」というルールが守られなければならないのだろうか？

実際、僕は一人の身体に複数の人格が共存する事例の経験はないし、そうした報告を読んだこともない。交代人格とは文字通り、一つの身体をかわるがわる支配する人格、ということだ。一つの身体を二人以上の人格が奪い合うような事態はしばしばある。しかし、複数の人格が協力し合って一つの身体をコントロールする、という事態はまずありえない。

もし上に述べたような「心のモジュール仮説」が正しいのであれば、そうした事態が起こってもなんらおかしくはない。しかし実際にはありえないということ。もしくは、きわめて起こりにくいということ。これは何を意味するのだろうか。

僕たちは身体だけではなく、人格についても、一つの空間的なイメージで捉える習慣がある。もっといえば、何らかの物理的な実体を持つ存在として理解したがる傾向がある。たとえばキャラとは、二次元上に投影され、はっきりと輪郭を与えられた人格のことだ。

ここで重要なことは、「一つの実体的イメージ」であるがゆえに、同じ一つの身体という空間を二つ以上の実体が占めるべきではない、という物理法則が無意識に適用されてしまっている可能性である。

だからこそDIDにおいては、「身体を占有しコントロールできるのは、その都度ひとつの交代人格だけである」というルールが厳格に守られる（ある人格の行動を観察する人格が共存することはよくあるが）。

これは考えてみれば、なんとも奇妙なルールと言うほかはない。

そのとき身体は、あたかも一人用の乗り物（ヴィークル）のような空間としてイメージされている。そして、そのイメージが、すべての交代人格によって共有されているのだ。

DIDといえば人格の複数性にばかり目が行くが、むしろ重要なのは、僕たちは一つの身体的同一性という唯物論的な基盤のもとでしか、人格の複数性を表現することができないということのほうではないか。

ここに示されているのは、人格と、その表現媒体としての身体の間に結ばれている、緊密な関係性にほかならない。

ここから、二つの問いが導かれることになる。

(1)二つ以上の交代人格が同時に身体を支配することはないとして、それではふだん、いかなる形で交代人格は〈共存〉しているのか、という問題。

(2)交代人格がそれぞれの身体性を持つのはいいとしても、人格と身体性の結びつきはどのように成立しているのか、という問題。

以上に関して僕はかつて、「プロクセミックス proxemics」の視点から検討を加えたことがある（斎藤環「多重人格のプロクセミックス」『身体をめぐるレッスン1』岩波書店）。プロクセミックスとはアメリカの文化人類学者、エドワード・T・ホールが「社会的・個人的空間と、人間によるその知覚との問題」を扱うべく作り出した概念である（エドワード・T・ホール『かくれた次元』みすず書房）。

人間は誰しも身体の外側に、パーソナル・スペースと呼ばれるバリア的な空間をまとっている。その空間性は社会的・文化的なコンテクストによって伸び縮みする（ちなみに後述する「ハイ・コンテクスト」「ロー・コンテクスト」の言葉も、ホールの創案したものである）。対人関係で言えば、親密度によってもこの空間の広さは異なってくる。

その後、プロクセミックスは非言語コミュニケーション、空間デザイン、建築学などの分野に応用範囲を広げていった。

ホールは、人間の対人距離を四つのゾーン（距離帯）に分類した。すなわち「密接距離」、「個体距離」、「社会距離」、「公衆距離」である。たとえば密接距離とは、実際に相手に接触したり、相手の体温・におい・息の音などを感じることのできる距離であり、恋人同士のような密接な関係における対人距離の空間である。

言うまでもなくプロクセミックスは社会的・文化的な要因によって大きな影響を受ける。たとえばロシアでは社会距離の中にアメリカであれば密接距離と呼ばれるような距離が見られる。つまり対人距離が近いということだ。

この概念を持ちだしたのは、身体の外延としての対人距離がありうるなら、その考え方を身体内部のもう一つの身体とも言うべき交代人格にも応用できるのではないか、と考えたためである。交代人格が同時に同じ場所を占めることはできないが、一つの人格をもう一つの人格が外部から、あるいは内側から「観察」していたり、キャラかぶりが巧妙に回避されていたり、定型キャラの組み合わせがある程度パターン化していたり、キャラの関係性にもパターーンがみとめられたりなど、一定の法則性のようなものの手応えがある。ここにプロクセミックスを応用する余地があると考えたのである。

もしそれが可能となれば、さらにその応用として、教室やグループ内部でのキャラ分布がいかにして生じるか、といった分析も可能になるのではないか。つまり、内的なプロクセミックスの外的応用の可能性である。

次に、(2)交代人格と身体の結びつきについて考えてみたい。

統合失調症のファントム空間論で知られる精神科医の安永浩は、DIDの身体現象について次のように述べている。

「催眠暗示で真のかぶれや火傷痕のようなものまで生ずる、とか、想像妊娠のような複合的身体模倣現象の域に達すると、かなり理解困難となる。自律神経機能の変調を介して、という理解法もあるが、それにしても一定の目標に向かって、複数の身体過程が動いてゆく、というところに一種の気味わるさ、神秘感が漂う。解離の反面となる（というよりその原因となる？）局所的緊密化、「没入」のすごさ、ということであろうか？　図式は想像図式から始まっても、物質身体そのものを変えるまでに深く達する。心と体との間に通常は存在する『パターン』落差（広義）が短絡、接着されてしまうのであろうか？（中略）〝現実〟が解離・遮断されている、という条件のもと、原始的過剰流動が作動し、幻覚の設計図をたどって身体形成作用が進む、というようなことがあるのであろうか？」（安永浩『「宗教・多重人格・分裂病」その他4章』星和書店）。

心身に相関があるというのは、よく知られた事実だ。しかし、僕たちの日常においては、少々強く念じたくらいで身体に影響を及ぼすことはできない。ところが解離状態にあっては、思ったことがすぐさま身体化される。ＤＩＤに限らずとも、催眠状態を考えてみればよい。「腕が重くなる」とか「身体が硬直する」といった暗示は、そのまま実現されてしまう。これはそのままＤＩＤの人格―身体の短絡にも通じる現象である。

安永のファントム空間論はかなり難解な理論でもあり、キャラクター論の本質とはあまり関係がないので、ごく簡単にまとめてみる。

まず、安永によれば人間の体験空間は「e―E―F―f」という構造を持っている。ここでe、fは理論上の点であり、eは「現象学的自極」、fは「対象極」である。eについて補足するなら、これは前に述べたパトナムの「メタ認知的統合機能」に該当すると考えられる。つまり、心における無数のモジュールの作動を統括している中心点、という意味で。

Eは精神分析のegoに相当し、さまざまな体験を可能にする自我の器であり、交代人格はこれにあたる。ＤＩＤではときどき、すべての交代人格が経験することを把握しているメタ人格的な存在がみられるが、eはこのポジションに近い。ＤＩＤでは複数の自我として交代人格（＝E）が出現するが、その上位にただ一つの自己（＝e）がある、というイメージである。

Ｆは対象の形と内容そのものである。ｆは対象の認識と関係を可能にするような、きわめて抽象的な点だ。Ｆを風景と考えるなら、ｆは遠近法で言うところの「消失点」のようなものだ。それを直接に見ることはできないが、それがなければ風景そのものが成立しなくなるような。

この体験空間はイギリスの哲学者ウォーコップのいわゆる「パターン」構造をとっている。あらゆる体験がＥ→Ｆという非対称的構造（パターン）を持つ、ということだ。すなわちＦ（対象）があるとすれば、Ｅ（自我）は論理必然的にそれに先行する。別の言い方をすれば、Ｆの存在から、Ｅは常に事後的に見出される。

ここで「身体」は、どのように位置づけられるだろうか。

もし身体を自我に一致させられるなら身体＝Ｅとなる。しかし体験される身体として対象化すれば、身体＝Ｆということになる。

いわゆる「身体論」は、身体を「反省」することだ。「反省」とは、本来ならＥの位置に近い自分の身体をＦとして対象化することである。ここで「反省」によってＥをＦに変換し続けるためには、ｅがしっかりと確保され、安定していなければならない。

ｅが安定している「健常者」においては、こうした反省は比較的たやすい。しかし、

eのポジションを複数のE（交代人格）が奪い合うDID事例においては、この反省が成り立たない。DIDでは、複数の交代人格が同時に一つの身体Fを奪い合うということも生じている。

その結果、何が起こるのか。ごく単純に言えば、交代人格という状態のもとでは「e＝E＝F」という一致が生じてしまうのだ。そう、自己と自我と身体が過剰に短絡し融合してしまった状態である。

たとえば僕たちが「キャラを演じている」という場合は、自己と自我との間に反省的な距離がある。しかし以前も述べたとおり、DIDの交代人格においては演技の意識がない。つまり自己と自我との間に距離がなく、よって「反省」が成立していない。

精神分析家ラカンによれば、自我はもともと想像的なものである。主体は大文字の他者との関係においては、欠如態でしか記述できない。僕はついさっき、対象極のfを消失点になぞらえた。つまり、風景の中に存在していないにもかかわらず、風景を成立させている一点のことだ。これと同様に、自我というイメージのメタレベルにも一種の消失点eがあり、それが「欠如としての主体」なのである。これはイメージではなく、イメージの上位にあってイメージを成立させている象徴的なポイントである。

主体eの機能によって、自我Eや身体Fは「反省」の対象となる。思ったことがすぐに身体化されないということ、すなわち自我と身体とを隔てている距離は、主体eの機能によって確保されることになる。

このときe＝E、すなわちEの単一性が信じられている限りにおいて、身体Fは反省や懐疑の対象たり得る。身体に向けられる自己所属感や自己愛、自己嫌悪などは、自我と身体が一致しない可能性、すなわち自我と身体の距離ゆえに可能になるのだから。

しかしDIDにおいては、e＝E、すなわちEの単一性への信頼が、トラウマによって破壊される。それゆえeは依然として単一であるにもかかわらず、Eは複数化してしまうのだ。ところで複数化したEは、その存在証明として、もはや「反省」（我思う）は利用できない。だからEの複数性は、そのまま身体の複数性として表現されるほかはない。

かくして、本来いずれもイメージに過ぎない自我と身体は、過剰に短絡させられることになる。人格交代に身体の変容がともなうのは、みてきたように必然的な過程なのだ。

ここまで述べてきた「自我＝身体」という短絡の問題は、近年加速度的に進行しつつあるように思われる。これはすでに僕が何度か指摘してきたように、社会全体が

「解離」化に向かいつつあることとも無縁ではない。

この傾向は、社会全体における操作主義化の傾向と深い関連性がある。

操作主義とは読んで字のごとし、いかなる問題に対しても、素早く確実な解決策があるということへの〝信仰〟である。そう、それがたとえ心の問題であっても、人間関係の問題であったとしても。

たとえば二〇世紀末に流行した「社会の心理学化」。詳しくは拙著『心理学化する社会』(河出文庫)を参照されたいが、この傾向も広い意味では操作主義である。社会問題を個人心理の問題に還元し、いずれも心理学の手法で解決可能であるとみなす考え方。この発想は一つの必然的帰結として「心の物質化」ないし「心の身体化」をまねいた。

いっぽう身体はどうなったか。ホールのプロクセミックスの発想が示すように、操作主義のもとで身体はより抽象化された。東浩紀の指摘する「環境管理型権力」とは、身体を通じて心理に働きかけ、人間の行動を管理することだ。これとよく似た発想に、行動経済学の「ナッジ nudge」がある。信号機の秒数表示が信号無視を減らすように、ちょっとした身体への働きかけが、心理状況を変化させるということ。

以上を簡単にまとめて言えば、心理は身体化し、身体は心理化されることで、両者はいっそう一致しやすい状況に置かれているということだ。まして、ここに解離のメカニズムが加われば、自我＝身体の図式はいっそう強化されることになる。

ここまで来れば、ようやく本題に入ることができる。

少し前に僕は、交代人格がキャラそのものであると述べた。その考えはいまでも変わらない。それどころか、ここまでの解離現象の検証を通じて、僕はそのことをいっそう確信するに至っている。

交代人格とキャラが、いくつかの点で共通していることはすでに述べた。しかしまだ、もっとも本質的な特徴に触れていなかった。それこそが「自我＝身体」なのである。交代人格もキャラも「内省」しない。自分の運命や自らの身体をかえりみて「こうでなければよかったのに」とか「もっとほかの生き方がありえたのではないか」といった反省をすることはない（ギャグとしてはあり得るだろうが）。

それゆえこんなふうに言うことも可能だ。キャラ＝交代人格とは、その存在の複数性を担保することで、自我＝身体という単一性を獲得した存在である、と。これは後の議論にそなえて、自我＝身体＝スペック（性格や能力など）と考えることも可能だ。

すでに述べたとおり、ＤＩＤの交代人格に姓（≒父の名）がしばしば欠けていることと、スペックの記述がかなり簡単であることは、キャラと固有性の問題を考える上で重要である。これは端的に言えば、「キャラは固有名を持たない」という命題と関係があるからだ。

話を戻すなら、先に述べた「欠如としての主体」を象徴するものが、いわゆる「固有名」である。それは確定記述の束に還元できない一つの無意味な刻印であり、この単独性こそが主体の位置を決定づける。僕たち一人一人の固有の人生の根底をささえているのが、固有名という意味のない刻み目であるということ。これが精神分析的な「人間」のモデルだ。

しかし操作主義化の風潮のもとで、固有名への信仰は急速に衰弱した。人間の心身は、可能な限り操作可能性に開かれるべく、どこまでも記述可能な存在へと書き換えられていく。しかし、記述可能性に開いていくということは、固有性を喪失して匿名性へと向かう方向でもある。さらに言えばそこには複数化の契機すら含まれている。なぜそのように言いうるのか。

固有名を喪失することの一つの帰結として、ＤＩＤという現象があるからだ。交代人格たちは、まさに自らの固有名を喪失することで複数化し、記述可能な心身＝キャラを獲得していった。それはもともと、トラウマの回避という目的を持った「操作」のはずだった。しかしゆきすぎたキャラ化の結果として、彼らは統合と内省のための視点を失い、キャラ間の不調和に苦しんでいる。

ただし統合がうまくいっていないからといって、これを「統合失調」とみるべきではない。精神医学的に正確に表現するなら、DIDの場合も本質的な意味での統合はきちんと機能していると考えられる。その判断基準は、他者とのコミュニケーションが機能しているか否かという点にある。DID患者は記憶や行動ならびに人格の統合には悩むが、コミュニケーションに失敗することはない。

さきほども触れたとおり、DIDの障碍のレベルは「浅い」。アプリケーションソフトレベルの障碍はありえても、OSは正常に機能している。それゆえネットを介しての接続などは正常に行いうる。同様の比喩で言えば、統合失調症はいわばOSレベルの異常なので、アプリケーションは辛うじてまともに機能していても、コミュニケーションは正常に機能しない。

人格を情報の集合体としてとらえる「心のモジュール仮説」に一定の限界を感じざるを得ないのは、まさにこうした局面において、である。あるいはポストモダン的な「主体の複数性」ないし「身体の複数性」といった議論に諸手を挙げて賛同できないのも同じ理由による。「一つ」よりも「多数」のほうが、常に自由で豊かであるとする価値判断は、常に正しいわけではない。

人間にとって「一つであること」の意義は、意外に大きいのだ。DIDや統合失調症に僕たちが直観的な異常を感ずるとすれば、そこには少なくとも「一つであること」が失調を来した事態に対する強い違和感が含まれているのかもしれない。

安永のファントム空間について述べた際に確認したように、固有の主体eが想像的な自我E、イメージとしての身体Fと、「ひとつ」に一致しながら機能している状態こそが、心にとっては最も自由かつ安定した状態と考えることができるのだ。

DIDの治療が交代人格の統合を目指すのもそのためである。僕たちは無意識に「一つであること」を志向し、取り替えのきかない、かけがえのない、すなわち固有の存在であることへの根源的な欲望を持っている。これはさしあたり僕たちには、固有性を単独性という形でしか認識できないという制約があるためかもしれない。

しかし固有の存在であることには、しばしば多大な苦痛が伴う。固有の存在でありたいという欲望のきわみが「ひきこもり」ではないかと僕は考えるが、彼らが日々焦燥感と絶望感にさいなまれているのはよく知られた事実だ。さらにいえば、トラウマですらもその人の固有性の構成要素たり得る。

精神分析的な言い方をするならば、自らの固有性を極限まで追い求めたいという気持ちは、（苦痛をも含む）享楽の追求としての欲望に近い。しかし、不便さや苦痛をどこまでも排除したいという気持ちは、快感原則の追求としての欲求に近い。いうまでもなく操作主義が目指しているのは後者であり、これは東浩紀の言う動物化への志向とみなすことも可能だろう。

ここまで議論を追ってこられた方にはおわかりいただけると思うが、後者の追求こそが人格のキャラ化、複数化に通ずる道である。冒頭で紹介したように、すでに教室空間においてはそれが自明化してしまっている。キャラ化された個人が成長しにくくなるのは、交代人格がほとんど成長しないことと同じ理由によるだろう。キャラのスペックが固定されているからこそ、身体内部でのキャラのプロクセミックスが成立するのだから。

みてきたように人格のオールド・モデル、すなわち単一かつ固有の主体が、ただ一つの自我を宿したただ一つの身体とともにあるというモデルは、少なくとも精神医療においては健在である。

しかし本章で重要なのはその点ではない。交代人格にキャラの本質を読み込む時、自我＝身体の想像的な一致を認めること。同時にまた、一つのキャラが存在する空間には、常にすでに複数のキャラの身体が潜在している可能性があること。本章での検討は、こうしたことを精神医学的に裏付けるべくなされたのである。

第3章 「キャラ」の記号論

キャラ＝文字

この章では、キャラクターの持つ記号的性質について考えてみたい。

キャラクターは記号の一種である。ここでC・S・パースの記号学にもとづいて検討してみよう。知られる通り、彼は記号を三種類に分類した。そう、シンボル、イコン、インデックスである（米盛裕二『パースの記号学』勁草書房）。

シンボルとは、「ハト」が「平和」を表すように、文化的コードや心的連合の媒介によって対象と関連づけられた記号である。イコンとは、肖像画や宗教画のように、対象との類似性において結びついた記号である。インデックスとは、足跡のように、対象と事実的に連結し、その対象から物理的（物質的）に影響を受けることで記号となるものを指す。もちろんこの分類にもとづくなら、記号としてのキャラクターは、あっさり「イコン」として分類することが可能になるだろう。

しかし実際には、ことはそう単純には運ばない。「キャラクターは、類似による記号＝イコンである」という規定は、実はかなり不確かなものなのだ。どういうことだろうか。ここで「ミッキーマウス」について考えてみよう。ミッキーは言うまでもなく、ネズミをキャラクター化したものだ。ならばミッキーはネズミのイコンなのだろうか？　おそらくそうではない。

あなたはミッキーを、本当に「ネズミそっくり！」と思うだろうか。僕はそうは思わない。だいたいネズミはあんな大きな耳を持っていない。目にしても大きすぎるし、表情も豊かすぎる。手足が長くて二足歩行の、靴や手袋をしたネズミをあなたはみたことがあるだろうか。

ネズミを写実的に模写した絵なら、あるいは「ネズミのイコン」たり得たかもしれない。しかしそのようなイコンがキャラクターとして受容されることはありそうにない。実はここには、「『似ている』とは何か」という哲学的（断じて「認知心理学的」ではない）問題がひそんでいるのだが、今はそれは措こう。

元の対象とは似ても似つかない。にもかかわらず、ミッキーはネズミということになっている。ではなぜ「そうなっている」のだろうか。

そもそもミッキーは、漫画のキャラクターだ。そして漫画とは、いわばデフォルメの体系にほかならない。漫画を理解するということは、すなわちデフォルメの文法を理解するということだ。たとえばディズニーにはディズニー特有の、また手塚治虫には手塚固有のデフォルメの型がある。僕たちは作品を読むときに、暗黙裏にそのデフォルメのコンテクストを受け取ることで、そこに何が描かれているかを正確に理解できる。つまり、アヒルがドナルド・ダックに、犬がグーフィに変換される世界では、ネズミがミッキーマウスに変換されたとしても何ら不思議はない、というわけだ。

しかしまた、まったく別の考え方も可能だ。

ミッキーはシンボルでもある。なんのシンボルか？　言うまでもなく「ディズニーランド」のシンボルだ。シンボルはしばしば、著しい単純化をこうむることがあるが、ミッキーも例外ではない。たとえば僕たちは、黒くて大きな丸がふたつ、ある角度で並んでいるとき、瞬時に「ミッキー＝ＴＤＬ」を連想するだろう。

しかしまたミッキーは「インデックス」でもありうる。たとえば猟師にとっては目の前にある足跡が、たったいま通り過ぎた獲物を指示するだろう。まったく同様に、ミッキーの絵が描かれた買い物袋を下げ、あるいは黒い耳付きのカチューシャを装着した子供たちが電車に乗っていたら、あなたは「ああディズニーランド帰りなんだな」と考えるだろう。このような場合、ミッキーという記号は、インデックスとしての機能を果たすこともある。

いや、本当はこうした揚げ足取りはフェアではない。パースによる記号の分類は、実はそれほど確固たるものではない。実際にはどんな記号も、いかなるコンテクストにおいてとらえるかによって、シンボルであったりインデックスであったりする可能性をはらむ。キャラクターが特異であるとすれば、その分類がきわめて状況依存的に決定づけられやすいということ、まずはこの点こそが注目されるべきだろう。

これほど状況依存性が高い記号は、キャラクターのほかにありうるだろうか。

実はある。それは「文字」である。

普通に考えるなら、文字はそれが意味を持ちうるという点において「シンボル」である。しかし同時に、文字はイコンでもある。少なくとも、漢字のもととなった象形文字は、まずイコンとして整形されたはずだ。ただし、文字がイコンである理由はそれだけではない。たとえば「文字の元型」のようなものを考えてみよう。フォントも書体も定まらない、ただ構造だけの文字。このとき、あらゆる書き文字は、その元型のイコンとして書かれている、とも考えられる。しかしここで、ひとたび「筆跡」に注目すればどうなるか。そう、そのとき文字は、それを書いた個人のインデックスとなる。いわゆる有名人の「サイン」は、書き文字のインデックス機能を利用したものと考えられる。

そう、実はキャラクターとは、まさしく文字《キャラクター》ときわめてよく似た機能を持つ記号なのである。ともに単純な記号分類に馴染まない多面性を持ち、高い状況（文脈）依存性を持つという点において。

ただし、もちろんキャラクター＝文字とは言えない。文字は言語体系を背景としているが、キャラクターにはそうした背景はさしあたり欠けている。キャラクターの造形はきわめて自由度が高いが、文字は必ずしもそうではない。キャラクターは人格的なものの痕跡をとどめているが、文字と人格は必ずしも関係がない。

文字とキャラクターの関係を考える時に参考となるのは、東浩紀による次のようなくだりだ。

「私たちはここで三つの『声』を区別したことになる。整理しておこう。第一に、超越論的シニフィエ―形而上学システムを支えるフッサール的な声《フォネー》。そこでは声《フォネー》の地平（世界）に回収されないもの、つまり非世界的存在は認められない。第二に、超越論的シニフィアン―否定神学システムを開くハイデガー的な呼び声《ルフ》。そこでは声の地平に回収されない非世界的存在がただひとつだけ、『世界』全体の循環構造の対応物として認められる。そして第三に、形而上学システムと否定神学システムとをともに脱臼する契機としてのデリダ的な呼びかけ《アペル》。（中略）そこでは非世界的存在は複数的に捉えられる」（東浩紀『存在論的、郵便的』新潮社）

世界を意味づける非世界的存在としての「ハイデガー的な呼び声」は、ラカン理論における「文字」の位置に近い。詳しい説明は他の著作に譲るが（たとえば『文脈病』青土社など）、文字は「一なる印」として「対象の統一性」を保存する痕跡とされている。つまり、表象不可能な痕跡に、対象の全体性が封じ込められているという意味で、文字は「ハイデガー的な呼び声」に近似できるのだ。

これに対して「キャラクター」は、さしあたり「複数的に捉えられる」「非世界的存在」としての「デリダ的な呼びかけ」に相当することになる。東浩紀はデビュー以来一貫して「キャラクター」にこだわり続けているが、それは否定神学的な主体に対抗する新たな主体性の形式として「キャラクター」の複数性を想定しているためでもあるだろう。

とはいえ、キャラクターと文字の類似性は、きわめて重要な問題系でもあるため、この点についてはさしあたり保留として次に進もう。

隠喩的キャラ、換喩的キャラ

次に、キャラクターという特異な記号が果たしている機能について検討してみよう。まず検討しておくべきなのは、キャラクターと「人間」の関係である。もちろん「人間」も一種のシンボルであることは言うまでもない。それは神を祖型として構成された、ある種の全体性を象徴している。「人間的」という形容が成り立つのはそのためでもある。

ならばキャラクターは「人間」の象徴なのか。そう単純な関係ではないことはすでに確認してきた。ここではこの問題について、隠喩と換喩の違いとして検討してみよう。

僕はかつてディズニーとサンリオそれぞれのキャラクターを比較して、前者を隠喩的、後者を換喩的であると述べたことがある。

ミッキーをはじめとして、ディズニーのキャラクターはきわめて人間的だ。豊かな感情表現と語る能力を持っている彼らは、動物的な外見をのぞけば人間そのものである。それゆえディズニーキャラについて言えば、あれはディズニーランドの着ぐるみのほうが「本物」なのである。常に「中の人」がいるキャラ、それがディズニーキャラなのだ。

これに対して、サンリオのキャラクターは、こうした人間くささに欠ける。これはひとえに、サンリオキャラの表情の乏しさによる。ハローキティにしてもマイメロディにしても、ディズニーキャラと比較すると、驚くほど表情に乏しい。もちろん一定の擬人化はほどこされているとはいえ、こちらは人間よりもずっと動物に近い印象がある。

この差はけっこう決定的なものである。僕たち日本人にとって、欧米のキャラクターは総じてあまり可愛くない。対するサンリオのキャラクターは可愛いと感じられる。おそらくその理由は単純で、「人間くささ」と「可愛さ」は——あるところまでは——反比例するためだ。

人間くさいディズニーキャラが隠喩的で、可愛いサンリオキャラが換喩的とはどういうことだろうか。まず隠喩と換喩の機能について、ごく簡単に述べておく。

一般に隠喩は対象の抽象的な特徴に注目し、換喩は対象に隣接する事物に注目する。このとき「似ている」こともまた、「隣接性」に含まれる。

たとえば「狐のようにずる賢い」とか「炎のような情熱」といった表現は隠喩的である。いっぽう「医師」を「聴診器」で示したり、「帆船」を「帆」で示すことは換喩的表現と言うことになる。お気づきの通り、隠喩と換喩の関係は、「シンボル」と「イコン」の関係によく似ている。

ついでに言えば「キャラ立ち」とは、換喩的に際だった特徴を持つことである。つまり、それだけを思い浮かべればキャラそのものを表象したことに通ずるような、そういう特徴、特異性のことだ。

具体的には「アトムの髪型」とか「星飛雄馬の眼」とか、そういうようなもののことである。逆に言えば、キャラがうまく立ちさえすれば、あとはそれを反復するだけで生き延びることができる。吉本芸人のほとんどミニマリズムのような反復芸も、キャラ立ちに依存する文化的背景なしには考えにくい。「キャラクター」よりも「キャラ」もしくは「キャラ立ち」が重視されるという日本文化の特性を考えるなら、その本質に換喩的なものを読み取ったとしてもそれほど無理はないであろう。

さて、すでに確認したとおり、隠喩は対象の本質に関係している。ディズニーキャラの魅力は、彼らがあくまでも人間的であることによって成立している。その意味で彼らは「人間の隠喩」と考えることができる。人間の隠喩であるがゆえに、彼らは自立したキャラクター性を帯びており同一化しやすい。いわばキャラクターとしての精細度が高く、マクルーハン的な表現を用いるなら、彼らは「ホットなキャラクター」なのである。

これに対してサンリオのキャラクターは、単体でさほど人間くささを感じさせない。彼らもまた言葉を語る力を持つとはいえ、ディズニーキャラほど饒舌ではなく、感情表現もはるかに乏しい。それゆえ共感や同一化は容易ではなく、そのぶん彼らへの愛着は「感情移入」によって成立することになる。

僕はかねてより、共感不可能な対象ほど可愛いと主張してきたが、これを言い換えるなら、愛着行動において感情移入が必要とされる度合いこそが「可愛さ」の尺度になるのではないか。

いずれにしても、サンリオのキャラクターは、人間の隠喩としては精細度が低い。

これに関連して、漫画家の「砂」氏は、興味深い発言をしている。以下に引用してみよう。

「キャラクターって人称以下の単位に思えるんです。それゆえ人間ドラマのシミュレーションよりも、もう少し細かいレベルのことを、しかし人間の問題であるかのように扱い得るんじゃないか。たとえば僕のキャラでいうと、涼子を活字で描くと、単に男になってしまうと思うんです。実写でやったとしても、きわめて演じにくいでしょう。しかしマンガだと、男の言葉に美形の女という外見を与えてやることで、ああいった特異なキャラを自然に見せることが可能になっていると思うんですね。たとえばミステリーの手法をとったとして、他のジャンルならつい犯人という人称レベルに謎が収束してしまうような場合であっても、マンガなら独特の多重性をキャラに込められるのじゃないか。普段ミステリーを読んでいると、ついもう少し細かい謎の方がおもしろいとかと思ってしまうんですよね。阿部さんの『インディヴィジュアル・プロジェクション』を読んでこれはと思ったのも、人称以下のレベルの謎を小説的に追求していたところです。犯人の次の段階に興味があるんです」(TINAMIX INTERVIEW SPECIAL 阿部和重×砂 司会:東浩紀「車から老いへ」http://www.tinami.com/x/interview/03/page9.html)

ここで「砂」氏がしきりに強調する「人称以下」とは、「人間」というものの全体性を一部捨象・縮減して、まさに換喩化したものを指すだろう。だとすれば、「砂」氏が想定しているのは、まさにキャラクターの換喩性、ということになる。

「キャラ」と欠如

後述するように伊藤剛は、キャラクターとキャラを区別した。この区別は隠喩/換喩の区分にほぼ該当する。すなわち隠喩的な「キャラクター」と換喩的な「キャラ」との対比である。

この対比で重要となるのは、それぞれが所属する「環境」だ。いずれもそれぞれの「世界」に所属しているが、世界との関係のあり方が異なっている。

先にも述べた通り、キャラクターはその世界との間に固有の関係を持っている。探偵デュパンという「キャラクター」が、ポーの小説以外の場所で活躍する可能性はきわめて低い。しかし「ドラえもん」という「キャラ」ならば、藤子不二雄作品以外でも活躍の場を持ちうるだろう。いわば「キャラ」のほうが、所属する世界との関係性が緩く、そのぶん複数の世界に所属しうるのだ。

これは単純に考えるなら、「キャラ」のほうが抽象度や記号性が高いゆえに、こうした特性を帯びやすいとも言える。いわゆる自然主義的なリアリズムで構成された世界はキャラクターとの親和性が高く、まんが・アニメ的リアリズムの世界はキャラと親和性が高い。

隠喩は世界の不連続性を前提としている。異なった世界を、抽象的な特徴、さらに言えば一つのシニフィアンを媒介にしてジャンプすることが、隠喩の効果であるからだ。

隠喩の機能というのは、対象物のある特徴を抽出して、その特徴を別の文脈、別のカテゴリーに展開してみせることだ。たとえば「血」と「薔薇」を隠喩作用で結ぶには、「赤」という特徴（＝シニフィアン）を抽出し、それを媒介にして、血と薔薇という異なった対象を結びつけなければならない。

いっぽう換喩は、類似性、隣接性などが重視されることからもわかるとおり、世界の連続性を前提にしている。

以上を前提として述べるなら、日本のキャラクター文化は、欧米圏のそれとは対照的なものだ。繰り返し述べているように、欧米圏のキャラクターは、ほとんどすべて人間の隠喩であるからだ。

ディズニーのキャラクターは、「人間」という対象の特徴——これは無数にあるのだが——を、ディズニー世界という虚構空間の中で展開するための記号という機能を担っている。ところが、日本型のキャラクターはそうではない。代表格をサンリオのキャラと考えるなら、あれは人間や動物の形態的な類似性のみを媒介とした一種のイコン、つまり換喩的な記号ではないかと考えられる。

ここで問題となるのは、何が人間の特徴と見なされているか、である。ここではそれを、かりに「間主観性」としてみよう。あるいは「共感性」と言い換えてもよい。ディズニーキャラは、必ずしも可愛くはないが、共感性は高い。だからこそ、ディズニーキャラによって無数の長編アニメを作ることができる。それではサンリオはどうか。サンリオキャラに「共感性」はあるだろうか。おそらく感情移入の対象ではあり得ても、共感は難しいのではないだろうか。もちろん両者は根本的に異なっている。ディズニーキャラは、その共感性ゆえに隠喩的＝人間的であり、サンリオキャラは共感不能であるがゆえに換喩的＝動物的なのだ。

この点は非常に重要である。なぜなら「間主観性」や「共感性」を媒介とする、ということは、「空虚さ」や「欠如」を媒介とするといっているに等しいからだ。ラカン派の精神分析の立場から考えるなら、僕たちが「間主観的」な関係を結んだり、相手に「共感」したりできるのは、主体がはらんでいる根源的な欠如ゆえ、ということになる。この欠如がなければ、おそらく共感という現象は起こらない。

欠如を持たない主体どうしの間には、完璧なコミュニケーション、あるいはディスコミュニケーションがあるだけ、ということになるだろう。つまり、ディズニーキャラは、僕たちと「欠如した主体」を共有しているがゆえに、人間の隠喩たりえており、コミュニケーションが可能となるのである。

ひるがえってサンリオのキャラには、こうした欠如がない。それゆえ彼らは「動物」である。ややこしいのは彼らが「擬人化された動物」という種類の動物であることだ。

「かわいい」無表情

ともあれ彼らは「動物」であるがゆえに、もっとも根本のところで僕たちとのコミュニケーションに失敗する。実はこの点こそが、サンリオキャラの「可愛さ」の理由なのである。「可愛さ」の感覚とは、実はディスコミュニケーションの手触りなのだから。

表情豊かなディズニーキャラに比べて、日本のキャラは圧倒的に無表情だ。最近のキャラですぐ連想されるのは、「リラックマ」とか「バナ夫」、あるいは「カピバラさん」などだが、いずれもほとんど無表情で、何を考えているかよくわからない。「バナ夫」などは、見方によっては不気味ですらある。僕たちがいうところの「レピッシュ（児戯的）」な印象がある。これは主として破瓜型の統合失調症の症状を形容する場合に用いる言葉だ。徹底して共感性を欠いた、児戯性の感覚。そこには当然、「不気味なもの」がはらまれてくる。

この「不気味」と「児戯性」との間で、あやういバランスのもとに成立しているのが「可愛い」の感覚ではないか。そうでなければ、たとえば「キモ可愛い」といった感覚はありえないだろう。

やはり四方田犬彦が指摘する通り、この感覚を構成する要素は複雑なのだろう。たとえば「かわいい」の対義語は「美しい」であり、「醜さ」とはむしろ隣り合う語であると四方田はいう（四方田犬彦『「かわいい」論』ちくま新書）。

僕の考えをつけ加えるなら、「かわいい」には「小さいこと」「幼いこと」「グロテスク」「残酷」「従順」「生意気」「愚かしさ」「賢《さか》しら」「人工性」「エロス」「タナトス」といった、相矛盾する多彩な要素が含まれている。

これらの矛盾ゆえかどうか、可愛いものは、僕たちとの共感やコミュニケーションには失敗していることが多い。赤ん坊の可愛さには、多少は生理的な基盤があるとしても、しかし最大の要因は「赤ん坊がしゃべれない」という点にこそあるのではないだろうか。

換喩的であるがゆえにサンリオキャラは、「欠如」を持たない。充実しているがゆえに、コミュニケーションが成立しがたいということ。それはもはや、「人格の象徴」などではなく、「人格によく似た形象」という充実した実体として認識されることになる。

このように、日本的なキャラクターは、きわめて特異な記号として成立している。この特異性については、漫画について論ずる次章で、あらためて検討してみたい。

第4章 漫画におけるキャラクター論

キャラクターの定義

キャラクターをめぐる議論は、みてきたとおりサブカルチャーの領域に限らず、教育・批評・思想・政治・文学など、ありとあらゆるジャンルにまで拡がりつつある。その中で、もっとも緻密な議論が展開されてきたのは、やはり漫画批評の領域だ。すでにそこではキャラクターが定義づけられており、キャラとキャラクターの違いについての議論もほぼ定着している。

このあたりの経緯については、類書にもネット上にも数多くのまとめが存在するため、まずは基礎的な事柄のみ確認して次に進むとしよう。

もっとも基本的な定義としては、漫画評論家の宮本大人によるものがある（宮本大人「漫画においてキャラクターが『立つ』とはどういうことか」『日本児童文学』四九巻二号）。宮本は「キャラクター」の要素を六項目にまとめた。

(1)独自性。
(2)自立性・擬似的な実在性。
(3)可変性。
(4)多面性・複雑性。

⑸不透明性。
⑹内面の重層性。
キャラクターという存在は、キャラクターが所属する独自の物語世界を背景として（独自性、自立性）、深い内面（不透明性）と葛藤の構造（重層性）を兼ね備え、成長することによってより複雑な性格（多面性）へと変化（可変性）する可能性を有する存在、ということになるだろうか。

とりわけ重要なのは、キャラクターとその所属する物語世界は不可分の関係にあるという点、またキャラクターは成長発展する可能性を持つという点である。過不足なくよくまとまった定義であり、議論の出発点としてはうってつけだ。強いて難点を挙げるなら、これらはほぼそのまま人間の性格にもあてはまってしまうということぐらいだろうか。逆に言えば、キャラクターの虚構性の記述という点からはいささか弱い、ということになる。まして後述するように、この定義は「キャラ」には該当しない。

やはり漫画を中心としてキャラクターを論じた好著に小田切博の『キャラクターとは何か』がある。この本では主として、キャラクタービジネスについて論じられているが、一章を割いてキャラクターという概念の起源と構造をきわめて簡潔に整理していて参考になる。

図1

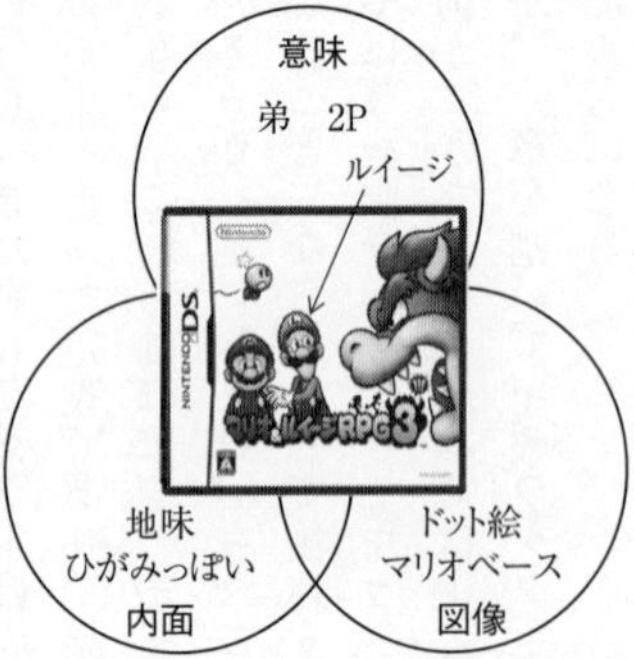

キャラクター構成要素（小田切博『キャラクターとは何か』ちくま新書をもとに作成。図は『マリオ＆ルイージRPG 3』任天堂、2009年より）

小田切の議論は主に小説とコミックスを対象としているが、同書の中で、任天堂のゲーム「スーパーマリオブラザーズ」のキャラクター「ルイージ」を例にとって、キャラクターの解説をこころみている。

彼によれば、キャラクターを構成する要素は図1のように示される。すなわち「意味」「内面」「図像」だ。すなわち、このキャラクターの意味は「弟」であり、内面は「地味でひがみっぽい」とされ、図像はご覧のとおり、ということになる。

これは漫画やゲームのキャラにはあてはまるが、図像を伴わない小説のキャラはどうなるのかという疑問が出てくるかもしれない。しかし、キャラクター小説には基本的にイラストがつきものだ。あるいは古典的小説は、映画や絵物語などによって視覚的イメージが作られていることが多い（「シャーロック・ホームズ」や「エルキュール・ポワロ」など）。

　しかし、ここまで解釈を広げてしまうと、要するに最古のキャラクターはギルガメシュ叙事詩のギルガメシュである、といった極論になってしまうおそれがある。聖書にしてもギリシャ神話にしても、登場人物の多くはキャラが立ちまくっているし、いちおう定番のイラストもある。複数の物語に登場するという点からも立派なキャラだ。

　小田切は「同一の登場人物が複数の作品にくり返し登場する」という手法が最初期に用いられた例としてバルザック『人間喜劇』を挙げ、あるいは挿絵の示唆を受けて（つまりキャラクターの造形が先行する形で）物語が作られたという意味で最初の「キャラクター小説」（大塚英志）は、ディケンズの『オリバー・トゥイスト』であったとしている。

　さらに小田切は、「キャラクター」の最大の特徴として「融通無碍な性格」を挙げている。これは、ここで挙げたようなキャラクターの属性は常に厳密に同一である必要はない、ということである。

「『キャラクター』は絵柄としての外見、物語を通じて形成される性格、象徴としての記号的な意味の三点のどこを起点に発想し、つくられてもいいし、三要素すべてが揃っていなくてもキャラクターそのものは成立し得る。しかも、名前と構成要素の一部で同一性が担保されていれば拡張や変形がいくらでも可能だという特性を持ってい

る」（前掲書）

これは、後述する「初音ミク」あるいは「偽春菜」などにも共通する、きわめて重要な特徴である。とりわけ「キャラの同一性とは何か」という哲学的問題の端緒としても、この特徴は銘記しておきたい。

ところで、かつて橋本治はこう言った。「アトムの内面はアトムの髪型なのだ」と。僕はこの指摘を至言と思う。僕たちはキャラに内面を投影するが、実は彼らには「内面」などない。というか、彼らの意味も性格も、すべてその図像に凝集され表出されていると考えるべきなのだ。

つまり「キャラ」とは「内面＝意味＝図像」の一致が成立するような、きわめて特異な半記号的存在なのである。第2章で述べたとおり、これはＤＩＤの交代人格にもそっくりそのまま該当する特徴だ。小田切の指摘に付け加えることがあるとすれば、「意味」「内面」「図像」が常に一致している点、ということになるだろう。

キャラとキャラクター

漫画評論家・伊藤剛の著書『テヅカ・イズ・デッド』（ＮＴＴ出版）は、従来の「キャラクター」概念の精度をより高めるという意味で画期的なものだった。氏の論点で重要なのは、なによりもまず「キャラクター」と「キャラ」をはっきりと区別した点である。

伊藤は二〇〇三年に、やおい同人誌を制作していた一〇代後半の少女たちから、ある指摘を受けて意表をつかれる。それは当時、絶大な人気を集めていた少女漫画『NANA』についての指摘だった。彼女たちによれば「『NANA』は『キャラ』は弱いけれど『キャラクター』は立っている」というのだ。ならばキャラが強い漫画は？と問い返した伊藤氏に、彼女たちは『遊戯王』の名前を挙げた。

この経験から、伊藤は「キャラ」を次のように定義する。

「多くの場合、比較的に簡単な線画を基本とした図像で描かれ、固有名で名指されることによって（あるいは、それを期待させることによって）、『人格・のようなもの』としての存在感を感じさせるもの」

これに対して、「キャラクター」は次のように定義される。

「『キャラ』の存在感を基盤として、『人格』を持った『身体』の表象として読むことができ、テクストの背後にその『人生』や『生活』を想像させるもの」

さて、伊藤によれば、キャラにとって重要なのは、「横断性」であるという。

「『キャラの強度』とは、テクストからの自律性の強さというだけではなく、複数のテクストを横断し、個別の二次創作作家に固有の描線の差異、コードの差異に耐えうる『同一性存在感』の強さであると考えることができる。この『横断性』こそが、重要な点なのである」

こうした伊藤仮説は大きな反響を呼び、これに触発されたさまざまな論議が湧き起こった。ここでは東浩紀によるキャラクター論への応用例をみておこう。

東浩紀と桜坂洋による小説『キャラクターズ』（新潮社）は、図像抜きでまんが・アニメ的リアリティをどこまで実現できるかを追求した、きわめて実験的な作品である。

本作においては、東浩紀によるとおぼしいキャラクターの記述がちりばめられており、そこには東浩紀が伊藤剛の仮説をどのように消化したかがうかがえて興味深い。以下、重要な箇所を引用してみよう。

「人間はひとつの生しか送れないが、キャラクターは複数の生を送ることができる。人間は現実に生き、キャラクターは可能世界に生きる。文学は人間を描き、キャラクター小説はキャラクターを描く。文学は反復不可能な生を描き、キャラクター小説は反復可能な生を描く。ぼくたちは、単独的な実存から確定記述の束を抜き出し、数限りないイフをそのうえに重ね、何度も異なった生を生き、何度も死ぬことができるようにした抽象的なペルソナを『キャラクター』と呼んでいる。これが、『ゲーム的リアリズムの誕生』の、明示的に書かれてはいないが中核にある思想だ」ところで僕自身は、『テヅカ・イズ・デッド』の出版記念トークイベントで発言した際、いくつかの点で伊藤理論を補足する発言を試みた。

たとえば『攻殻機動隊』のヒロイン、草薙素子はキャラクターだ。彼女の存在＝ゴーストは、転送はできるけど複製はできない。これは情報理論的には奇妙な話だが、この設定はけっこう重要だ。僕の考えでは「転送可能・複製不可能」こそが、「キャラクター」の本質なのだから。

これに対して「キャラ」は、「複製可能・転送不可能」な存在である。たとえば『撲殺天使ドクロちゃん』というライトノベル作品では、主人公がことあるごとにヒロインに撲殺され、分子まで分解されてから魔法で再合成されたりする。「再合成」とは、要するに複製のことだ。こういう主人公が受け入れられるのは、そこにこそ「キャラ」のリアリティが宿っているからだ。

「転送不可能」については少々解説が必要だろう。ここでも前章で引用した「デリダ的呼びかけ」について、東浩紀が述べていることが参考になる。

「呼びかけは電話の隠喩によって語られ、そこでは非世界的存在（＝他者）は複数化したまま（電話）ネットワークに宿る」「『幽霊』とは私たちの考えでは、すべてのシニフィアンに必然的に取り憑く確率的誤配可能性、誤配されるであろう可能性（約束）と誤配されたかも知れない可能性（デッド・ストック）の組み合わせにほかならない」（『存在論的、郵便的』）

ここでは「幽霊」が「キャラ」に該当する。このくだりを僕なりに翻案するなら、キャラを転送しようとしても、転送するたびに複数化してしまい、結局は転送＝複製になってしまう、ということだ。

「キャラ」とは要するに、何度も複製されることでいっそうリアルになるような存在のことではないか。だからこそ彼らは、二次創作における複数の世界で、生き生きと活動できるのではないだろうか。だからといって、複製されるごとにそちらがオリジナルとなる伊勢神宮の式年遷宮のことを連想するのはゆきすぎというものかもしれないが。

「感情」のメディア

日本のマンガ（以下「マンガ」）は、さまざまな意味で特異な〝表現メディア〟だ。しかし、現時点で最もきわだった特徴をひとつだけ挙げるなら、それは「感情表現のためのメディア」という点に尽きるだろう。わが国のマンガ表現とは、さまざまな感情表現の組み合わせによって物語を動かすための表現形式といっても過言ではない。

ウソだと思うなら、どれでもいいからあなたの手もとにあるマンガ本のページをめくってみるとよい。ほとんどすべてのコマに、なんらかの感情が描き込まれているはずだ。これは結構、驚くべき事態なのである。

あるいは「感情のメディア？　大衆芸術なんだから、そんなの当然！」とお考えだろうか。

それでは、あなたの思いつく限りの大衆的な表現形式を思い浮かべてみてほしい。小説、映画、音楽、演劇、なんでも構わない。マンガ以外のどんな表現形式にあっても、感情表現の密度はずっと希薄だ。むしろ感情の描かれていない「地」がまずあって、その上に「図」としての人物の感情が描かれるのが普通であろう。

しかし、マンガはそうではない。ついでに言えば、アニメにもそういう傾向はあるが、日本のアニメはマンガから二次的に派生した表現形式なので、これはむしろ当然である。

くり返そう。単位空間・時間あたりの「感情表現密度」が最も高い表現形式、それがマンガである。逆に、誇張された感情表現は、しばしば「マンガ的」に見える。この事実もまた、マンガ表現と感情表現との高い親和性を示すだろう。

もちろん感情表現が希薄なマンガ作品もあるが、それらはしばしば前衛的かつマニアックな作品にみえる。マンガにおいて感情表現を抑制するなら、もうそれだけでエンターテインメントらしからぬ印象を与えることを、作家は覚悟しなければならないだろう。

マンガ表現のこうした特性について十分にふれたマンガ研究者がかつて存在したのかどうか、寡聞にして僕は知らない（感情表現の技法＝漫符などに関する研究なら沢山あるのだが）。この特性はキャラクターの成立においてもきわめて重要な意味を持つが、むろんそればかりではない。

マンガの感情表現における文法構造や、「感情論理」が物語を支えるしくみなど、「感情」研究はマンガ研究の新たな領野として期待できる。しかしその検討については後日機会を改めて行うとしよう。

マンガにおける「顔」

それでは、マンガにおける感情は、いかにして表出されうるだろうか。そう、そのためには、まずなによりも「顔」が描かれなくてはならない。マンガは、感情のメディアであるのと同じくらい、「顔のメディア」でもあるからだ。

マンガに描かれた「顔」の意義についても、これまで十分に論じられてきたとは言えない。僕が知る限り、この重要なテーマを理論的に取り扱った唯一の仕事が、ティエリ・グルンステン『線が顔になるとき』（人文書院）だ。

ただしグルンステンが対象とするのは、マンガというよりはフランス語圏のバンドデシネだ。日本のマンガへの言及も少しだけあるが、それは一部の少女マンガと手塚治虫について触れられた箇所のみである。

この本ではまず、レヴィナスからドゥルーズに至るまで、さまざまな「顔」をめぐる思想が参照される。しかしそれは、そうした議論をマンガについても応用してみせるためではない。むしろマンガに関しては、これらの議論がかならずしも応用できないことが最初に確認されるのだ。

なかでも「描かれた顔」に関する、いくつかの指摘が重要である。とりわけ顔の「類似性」や「同一性」というテーマは、それだけで一冊の本を必要とするほど重要な哲学的問題である。

僕自身、かつて著書『文脈病』において、個人の固有性と同一性に究極的な支えを与える「顔」の位置づけをくわしく検討したことがある。

そこでの僕なりの結論は、「顔」とは「固有性のコンテクスト」そのものである、というものだった。つまり「顔」それ自体は、いかなる意味も情報も伝達せず、ただ個人の固有性しか伝えることができないのである。

それゆえ顔の認識を、コンピューターによるパターン認識に置きかえることはけっしてできない。パターン認識とはつまるところ、顔の定量的な計測に基づいてなされる。しかし顔の同一性とは、さまざまな表情の変化にもかかわらず維持されると同時に、パーツの位置関係がほんの少しずれただけで崩れてしまうような、きわめて矛盾した性質を持っている。そこにあるのはパターンの同一性よりも上位レベルの判断、すなわち「文脈の同一性」とでも言うほかはないものだ。

このように、顔の同一性ほど奇妙なものはほかにあまり例がない。グルンステンも次のように指摘している。

「顔には、デッサンの動作がほんの少しずれるだけで、その知覚が大幅に変わってしまうという特異性があるからである。どんなにちっぽけな線でも、ほんのわずかでも方向が変われば、調和を乱し、描かれる顔の表情の正確なニュアンスに大きな影響を与えてしまう」(前掲書)

ここからグルンステンは、きわめて重要な指摘をする。

そもそもマンガのように、同一の顔をくり返し描くという表現そのものが、ひとつの発明であったというのである。

グルンステン『線が顔になるとき』によれば、ローレンツは「かわいい」キャラクターの造形について、次のように解説しているという。

「相対的に大きな頭、過大な頭蓋重量、大きなずっと下方にある目、ふっくら膨らんだ頬、太く短い手足、しなやかで弾力性のある肌、そして不器用な運動様式といったものが、［……］子供、あるいは人形やぬいぐるみの動物のような〈身替わり模型〉を〈かわいらしく〉または〈愛らしく〉みせる主な特徴である」

つまりかわいさとは「幼形成熟」と関係がある、ということだ。

これはスティーブン・ジェイ・グールドが、キャラクターの魅力を説明するために採用している考え方だ。

つまりミッキーマウスの幼児性は、僕たちの優しい感情を喚起するための造形として形成された、ということになる。短小の足、ずり下げたズボン、紡錘形の足、だぶだぶの服、大きな頭、くりくりした目、発達した頭蓋骨、張り出した額、などである。

とりわけ重要なのは「幾分低い位置にある、皿のように丸い眼」である。

グルンステンによれば、このような幼形成熟の特徴を兼ね備えたキャラクターとして最初期のものが、パルマー・コックスによる「ブロウニーズ」であるという。すでに一九世紀においてこうしたキャラクターが作られ、商品化されていた事実は興味深い。ちなみにブロウニーズは、このジャンルにおいて著作権によって守られた最初の主人公であったという。

いうまでもなくこうした表現は、アニメーションやマンガの表現として洗練された。ここでグルンステンは、ディズニーと並んで手塚治虫の名前を挙げている。

そしてカワイイの最新型としてあげられているのは『ポケモン』である。その多くは現実の昆虫や動物、植物などに造形のヒントを得ているが、中には球体に顔や手足がついただけのモンスターが二〇種ほど存在する。そう、これらの「キャラクター」にあっては、「いずれも顔が生の特権的な部位を占め、口と目が主たる標識となっているのだ」。これに続けていくつかの例が挙げられているが、いずれも僕は未見である。ただ、『サウスパーク』のキャラクターや『スポンジ・ボブ』などは、こうしたタイプのキャラに近いと言いうるかもしれない。

顔そのものとして成立するかのようなキャラクターの存在がこれほど受け入れられ

ていること、逆に言えば、顔を持たないキャラクターは存在しないという事実、これらのことから言いうるのは、キャラクターの造形はほとんどその顔の特性によって決定づけられる、ということではないだろうか。

キャラクターと表情との関係を考える素材として、おそらく漫画以上のものはない。とりわけ日本のマンガは、感情表現において世界の最先端といっても過言ではない。こうした感情表現の特異性は、グルンステンすらも十分に指摘しきれていないように思われる。

彼はマンガにおける感情のコード、すなわち誇張された表情表現の分類を熱心に行っているが、マンガ表現においてそれ以上に重要な意味を持つコードシステムに触れることを忘れている。それが「漫符」(竹熊健太郎)である(竹熊健太郎・夏目房之介ほか『別冊宝島EXマンガの読み方』宝島社)。

たとえば、怒りの表現として「十文字に怒張した静脈」という表現は誰もが知るところだろう。あるいは焦燥感をあらわす「汗の粒」、落ち込みや絶望を示す「額のタテ線」などなど。

マンガ表現は、一つの感情を示すために、キャラクターの表情、漫符、コマや吹き出しの形状、効果線などを複数組み合わせる。いわば「同じ感情を表示する複数のコード」を多層的に重ね合わせるのだ。僕はかつて、このような特異な表現空間を「ユニゾン的同期空間」（『戦闘美少女の精神分析』ちくま文庫）と呼んだことがある。ポリフォニーではなくユニゾン、というところがポイントである。

それは漫画表現の特性であってキャラクターとは無関係ではないか、という指摘があるかもしれない。ならばこう言い直しておこう。キャラクターとは、感情のダイナミズムを駆動源とするアイコンであり、またそれゆえに、出現した空間を自動的に多層化するのである、と。

後述するように、キャラクターは物語素のひとつである。構造を作らずに物語を進めようとするなら、キャラクターに動いてもらうという手法が有効だ。しばしばキャラクターの自動運動は創造の神秘として深くは追求されないが、つまるところキャラクター間の関係性と感情の連鎖が鍵を握ることになるだろう。

その意味で、キャラクターは感情と物語の演算子である。ある表情を浮かべたキャラクターが表現空間におかれることで、その空間はすでになにがしかの物語性をはらんでしまうのだから。

「顔」描写の変遷

僕たちはマンガ作品において、複数のコマに同一のキャラクターがくり返し描かれることに何の違和感も感じない。それがそもそもマンガという表現なのだから当然であろう。しかしこうした表現は、グラフィックアートの歴史においては例外的な事態だったのだ、とグルンステンは指摘する。

図２

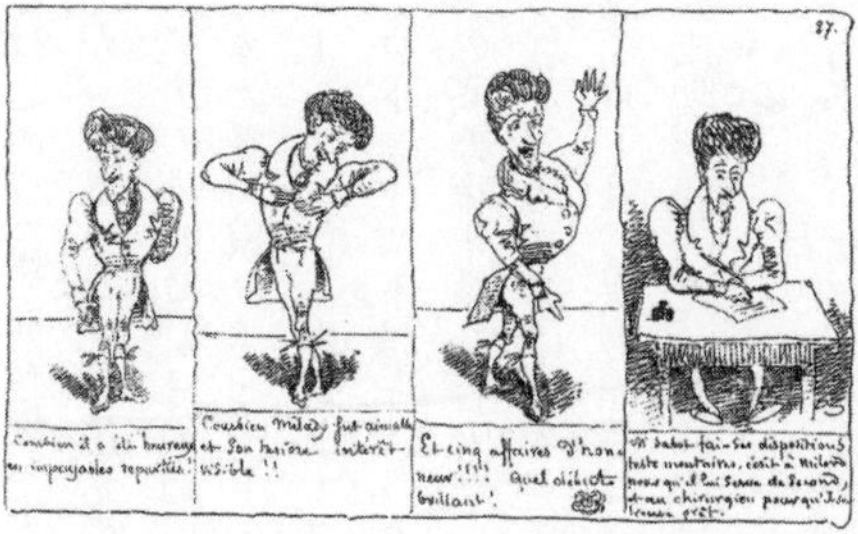

ロドルフ・テプフェール「ジャボ氏物語」（1833年）

彼によれば、一九世紀に活躍したスイスの画家ロドルフ・テプフェールによって、この技法は発明された。ちなみにテプフェールは、マンガの誕生に大きく貢献した人物としてよく知られている。

彼がしたことは、物語のシークエンスの中で、場面ごとにキャラクターの図像的な同一性を保持することだった。人物Aは、場面が変わっても人物Aと認識されやすいように描かれる（図２）。これは、現代のマンガにおいては常識以前の手法だが、当時にあっては画期的な発明だった。テプフェールの編み出した手法はゲーテをはじめ、多くの批評家たちから称賛されたという。

僕はこの、「場面転換しても同一性が視覚的に保持される」ことを可能にした技法こそが、キャラクター創造の最大の貢献だったと考えている。

ふたたび小田切によれば、現在みられるような形のキャラクター消費の起源は、アメリカの漫画家リチャード・アウトコールトによって一八九五年に創造されたキャラクター「イエローキッド」であるという。

アウトコールトはキャラクターを創造したばかりではない。早い段階でイエローキッドの商標権申請を行っている。しかし申請は却下され、その後作家の許可を得ずに作られた人形、絵はがき、ピンバッチなどが市場に溢れたという。これに懲りたアウトコールトは、次の作品『バスター・ブラウン』では徹底したライセンス管理を行って大成功を収めた。これがアメリカにおけるライセンスビジネスの起源に位置づけられている。

ともあれ、テプフェール以降のマンガ家は、それまでにない難問をつきつけられることになった。それは「複数のキャラクターをはっきり描き分ける」ことと、「誰が誰だとわかるような状態でそれぞれの顔を動かし、表情を変化させること」である。

この目標の実現のために、さまざまな技法が開発されてきた。たとえば劇画的リアリズムで描かれたキャラクターが、突如ギャグマンガ的な二頭身キャラに切り替わっても人物の同一性が保持される日本のマンガは、この点から見ても先端的な技術の粋であると断言できる。

しかし、革命を担ってきたのはひとりテプフェールだけではない。

実は絵画の歴史においても、「顔」の描かれ方は、何度か大きな変遷を経てきたのだ。たとえば絵画表現においては、「顔の個性を表現する」ということ自体が、いわば一つの発明だったのである。

古代ギリシャやローマ時代は、写実的な肖像画が描かれていた。紀元前一世紀から紀元後三世紀のエジプトのミイラとともに埋葬されていた「ミイラの肖像画」（図3）は、今見ても驚くほど写実的かつ個性的である。

しかしこうした伝統は中世において途絶える。画家は聖人たちの理想的な姿を描くことに専念するあまり、図像は形式的で写実性に乏しいものとなり、人物の顔から個性が失われていく。

図3

ミイラの肖像画

デイヴィッド・ホックニー『秘密の知識――巨匠も用いた知られざる技術の解明』（青幻舎）によれば、人間の顔の描写におけるリアリズムの精度を格段に高めた

図4

左：マゾリーノ「タビタの蘇生と跛者の治癒」（部分、1424/25—27年）。右：ロベルト・カンピン「男性の肖像」（部分、1435年）。下：ヤン・ファン・エイク「赤いターバンの男の肖像」（部分、1433年）

のは、初期フランドル派の画家、ヤン・ファン・エイクだった。

彼は兄のフーベルト・ファン・エイクとともに油彩技法の大成者として知られるが、同時にその写実的な技法によって「肖像画の開拓者」とも呼ばれている。たとえば代表作「赤いターバンの男の肖像」（自画像とも言われる）を見れば一目瞭然だが、それまでの肖像画の表現に比べて、格段に人物の個性が際立った表現になっている（図4）。

そしてルネサンス期にいたり、再び肖像画は豊穣の時代を迎えることになる。ダ・ヴィンチやミケランジェロ、カラヴァッジオらによって、人間の「顔」は、ふたたび絵画の中心に位置づけられるようになっていく。

ふたたびグルンステンの本に戻るなら、次に「顔」表現における一つの画期となったのは、顔と性格の結合だった。

はっきり「起源」として位置づけられているわけではないが、たとえばフランスの風刺画家J・J・グランヴィルは、同時代の他の画家と同じように、観相学や骨相学の理論に大きな影響を受けていた。図5を見れば明らかなように、僕たちは描かれた顔の図像を見ると、そこになんらかの性格類型を読み取らずにはいられなくなる。

図5

グランヴィル「顔のさまざまな形態――カリカチュアの類型」『マガザイン・ピトレスク』所収（1836年）

もちろん学問としての観相学や骨相学は、もはや完全に過去のものだ。にもかかわらず、僕たちは今なお観相学の時代を生きている。つまり「人は見た目が九割」の時代を。

早い話が、プチ整形が自己啓発の手段となり得る時代を。

漫画において有名人を戯画化するさいにも、形態的な類似性と同じくらい、「悪相」に描くか善人らしく描くかが重要になる。そのさいたとえば悪相描写のパターンは、一九世紀と現代とを比較しても、それほど大きくは変わらない。それが何を意味するのか。

外見から性格を〝読む〟ことが可能なら、実在しない虚構の顔についても、描線のあり方一つで性格を〝与える〟ことができる。そのような発想が出て来るのは、ごく自然なことだ。

橋本英治らは論文「観相学的断片、あるいは、キャラクターの同定への試論」（神戸芸術工科大学紀要『芸術工学２００９』所収）において、先にもふれたテプフェールが線からキャラクターを生み出す技法を紹介している。

「まんがを描く場合、先ず線で何か（例えば顔らしきもの）を描くことを薦める。そして、その描かれた何か（線による顔らしきもの）を良く見ると、それは顔に見えてくる場合がある。見えてくれば、それを少しずつ変化させて比較し繰り返し描くことが、キャラクターを生み出すことである」

このときテプフェールは「観相学とのベクトルとは逆に、虚構としての内面を紙という平面に記号化」している。すなわち「従来の観相学的思考の方向を反転させることにより、観相学を再生させ、虚構、そしてキャラクターを生み出す理論として活かす」ことになるのだ。

「まなざし」の機能

マンガにおける「顔」は、ほとんど常に「キャラクター」として描かれている。これはマンガに「顔」が出現するとき、それは常にすでに一定の「性格」と「感情」を帯びている、ということである。

それが僕たちの認知特性によるものであることは、スコット・マクラウドの『マンガ学』（美術出版社）に詳しい。マクラウドによれば、任意の図形をまず描いて、そこに目玉をひとつつけくわえれば、どんな図形でも「顔」になる（図6）。マクラウドはそれを人間の「自己中心性」に起因すると考えているが、それだけでは十分ではない。

なぜ「眼」なのか。「鼻」や「口」であってはいけないのか。これを考えるにはラ

図6

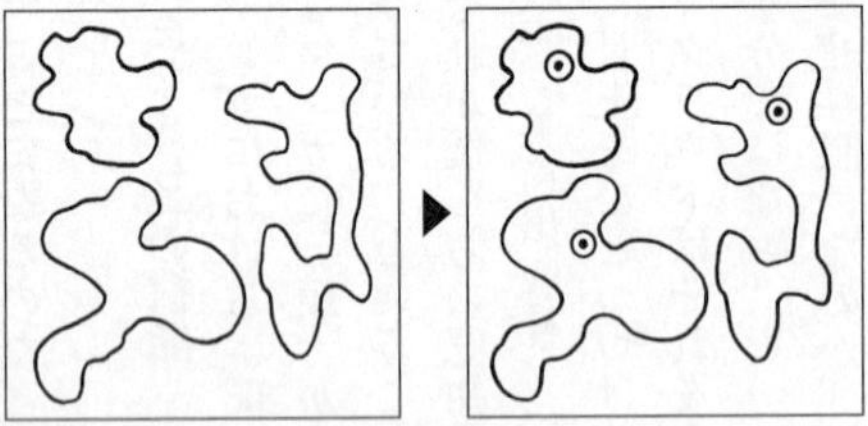

どんな図形もキャラクター化できる。スコット・マクラウド『マンガ学』（美術出版社、1998年）より作成

カン派精神分析における「まなざし」の機能を思い浮かべておく必要がある。まなざしは「対象a」としてイメージの中心に位置づけられ、その背後になんらかの主体性の存在を予期させることで、イメージをリアルなものにする。

これを僕の言葉で言い換えるなら、「眼」が「主語の器官」であるためだ。その意味で「眼」は、「述語の器官」である「鼻」や「口」とははっきり区別される。

実際、マンガにおいても、もっとも描写形式の変化が大きかったといえるのは、「眼」の描写であろう。かつて少女漫画と言えば、異常に大きく描かれた瞳に無数の星がちりばめられる描写が「お約束」だったが、この描写は八〇年代を境にして急速に姿を消した。これとともに、マンガの絵柄におけるジェンダーの境界線が、次第に曖昧化していった。この傾向はアニメの作画において、いっそうはっきりとみてとれる。

図７

http:// 2 r.ldblog.jp/archives/3195819.html

ここに示す図版は、一九六〇年代から二〇〇〇年代にかけてのアニメ画がいかに変遷していったかを、人気アニメ『けいおん！』を素材として示したパロディ作品である（図７）。軽妙なパロディとはいえなかなかよくできていて、描画スタイルの変遷とともに、「キャラ」の位置づけがどう変わったかもかいま見える。

ただし、この「作品」の主たる意図は、九〇年代におけるアニメの作画がいかに奇妙な袋小路に陥りつつあったかを笑うことに置かれているため、九〇年代のスタイルについては判断を留保せざるを得ない。それはともかくとして、この変遷過程においてヒロインの「眼」の描写が大幅に変化していることは一目瞭然である。

もう一つ、こうした変遷から見えてくることは、描画スタイルの変化が、かつてのスタイルを踏まえながら、いわばコンヴェンションを重層的に継承する形でもたらされてきたのではないか、という仮説である。マンガの描画スタイルを理解する際には、キャラクターにおける描写の重層性を常に意識しておく必要があるだろう。

いささか大ざっぱな対比であることは承知のうえで、欧米のコミックと日本のマンガの違いを見てみよう。日本のマンガで最もきわだっているのは、虚構コンテクストの不安定さ、もしくは過剰流動性とでもいうべき特質である。

たとえばアメコミやバンドデシネでは、常にデフォルメのコンテクストが一貫している。ギャグなら画面全体がギャグ調になる、というように。ところが日本のマンガは、この点がきわめて不統一だ。たとえばシリアスな絵柄の漫画に、突如二頭身化した（つまりギャグ調の絵柄となった）主人公が登場するのは、ほとんどお約束のようなものだ。あるいは水木しげる作品に顕著であるように、きわめて写実的な背景にシンプルな線でキャラがマンガ的に描かれたりすることもある。

さらには、キャラの絵にも不統一がある。いわゆる「アニメ絵」に顕著なのだが、デフォルメされたキャラなのに、眼と手だけはきっちり細密に描かれていたりする。どうみてもギャグ系作品なのに、キャラの指はきちんと五本描いてあるのだ。これも欧米のコミックにはあまりみられない傾向である。

日本のマンガはこのように、虚構の形式として、「現実」ときわめて不安定な関係を持っている。伊藤剛によるマンガの「フレームの不確定性」という概念には、あるいはこの点も含めるべきかもしれない。

これはやはり、手塚治虫以来の伝統とみるべきだろう。手塚は、絵のスタイルは基本的にディズニーのものを採用しつつ、平然とセックスや死を描いた。ディズニーアニメには、いずれもほとんど出てこない描写だ。

これは当然で、ディズニーに限らずカートゥーンのキャラクターは、火あぶりにされようが溺れようが爆破されようが、次のコマでは元気に走り回っているという「お約束」がある。つまりカートゥーンは、デフォルメによって死が完全に排除された虚構空間なのだ。

ところが手塚は、カートゥーンの絵柄でキャラの死を頻繁に描く。大塚英志の指摘によれば、最初期の『勝利の日まで』という漫画において、ミッキーマウスが操縦する戦闘機からの機銃掃射で主人公が撃たれ血を流して倒れるシーンが描かれた（大塚英志『アトムの命題』角川文庫）。すでにこの時点で、虚構のコンテクストに一貫性がない日本マンガの特性が胚胎したと考えるべきかもしれない。

欧米のコミックは現実から乖離した虚構空間の一貫性を維持するために、表現のスタイルと表現内容を一致させようとする。しかし日本のマンガは、かならずしも現実との乖離が徹底されず、表現形式と表現内容の関係も不安定なものになりがちである。これは第3章で述べたように、欧米型のキャラクターが隠喩的で、日本型のそれが換喩的であることに対応している。とりわけ日本マンガのキャラクターは、ほとんどの場合「作者」の換喩となっている。

マンガに作者自身が登場しても、それがすぐにメタ・フィクション的効果につながらないのは、マンガに登場する作家自身も、換喩的記号という水準で、ほかのキャラと等価であるためであろう。

現実とは完全に区分される虚構空間で活躍する「人間の隠喩」が欧米的キャラであるとすれば、現実との（不完全な）連続性を持つ虚構空間で、「人間の換喩」として配置されるのが日本的キャラ。ここまでの議論をまとめると、このようになるだろうか。

この問題は「日本人にとって虚構とは何か」という射程の深い議論に接続可能だが、いまはそちらには深入りしない。あくまでも日本のマンガ空間の独自性として「現実との連続性」と「キャラの換喩性」を指摘するにとどめておこう。

マンガ表現の重層性

マンガ表現において、感情表現の密度についで、もうひとつ特異な性質があるとすれば、それは「重層性」にある。

もちろんあらゆる表現は重層的であり、マンガだけが特異なわけではない、という反論は可能だ。しかし、映画や小説における重層性は、ありうるとしても分析や解釈のあとで見出されるものであり、その解釈には幅がある。

僕が言わんとする「重層性」とは、いわばマンガの普遍文法であり、解釈の余地のない、誰にでも読み取れる形式ないし構造のことである。

もっともわかりやすい例として、「漫符」が挙げられるだろう。

ここではマンガ『のだめカンタービレ』からの任意の場面を引用してみよう（図8）。

この場面においては、感情を表現するために少なくとも四層の「レイヤー」が重ねられている。

(1)まず基本となるキャラクターの「顔」の層。「逆立った髪」や「白目」など、表情によって千秋の怒りやのだめの恐怖を示している。

(2)漫符としての顔の「タテ線」の層。主として感情の「強度」を示す。

図8

二ノ宮知子『のだめカンタービレ』（講談社コミックス、第1巻、74頁）より

(3)千秋の怒りの激しさを示す稲妻のような背景の効果。

(4)セリフの層。

細かい指摘をするなら、(4)の層はこのシーンについて言えばいくぶん特異なものになっている。通常マンガのセリフはフキダシの中に書き込まれるのだが、この場面では字幕のように、空間に直接文字が重ねられている。

この効果については解釈の余地があるが、僕のみるところ、フキダシの中に書き込まれた言葉は、まさにテクストそのものであって、これに漫符などの感情記号が付け加えられることによって意味がまったく逆転してしまうことも珍しくない。しかしフキダシの外に書き込まれた文字は——のだめの悲鳴がそうであるように——擬音語や擬態語により近い位置づけとして、意味よりは感情や雰囲気の伝達に寄与することになる。

つまりこの場面では、四層のすべてが主として「千秋の怒り」を重層的に表現していると考えられる。

実は、こうした表現の重層性は、ほとんどのマンガ表現における基本文法にほかならない。念のために注意を促しておくなら、マンガにおける重層性は、ポリフォニックな複雑性にはあまり寄与していない。むしろ、ユニゾン的な単純性のほうに寄与している。

マンガの表現空間を構成するそれぞれのレイヤーは、ほぼ同一の意味や感情を相互に補強し合うようにして重ねられている。「ユニゾン的」というのはそういう意味である。僕はかつてこうしたマンガの特性を、先述のように、「ユニゾン的同期空間」と呼んだことがある。

この空間においては、あらゆるコードが一定の感情価を帯びることになる。メッセージとメタメッセージは常に統合されて、単一の意味を伝達する（つまり「ダブルバインド」はない）。このときマンガ家は、意味と感情の「共鳴の度合い」を調整しつつ、そのシーンがストーリーラインの進行を円滑化するように制御しなければならない。

先ほど引用した『のだめカンタービレ』の一コマは、おそらく誰が読んでもほぼ同程度の笑いが喚起されるように、きわめて慎重に意味と感情が調整されている。こうした操作能力こそは、絵のテクニックと同程度かそれ以上に、プロとアマチュアの差が問われる部分ではないだろうか。

"仮想五感"を刺激する

以上のようにマンガの重層表現は、たとえば認知心理学的な視点からみた場合でも、きわめて興味深い特性を持っている。

言うまでもなくマンガとは純粋に視覚的な表現である。しかし、そう単純に言い切ってしまってよいものだろうか。同じく視覚表現である絵画とマンガの最大の違いは、マンガ表現においては意味と感情がほとんど一義的な形で伝達されてしまう、という点にある。

絵画の多義性とマンガの一義性は、ほぼそのまま、「芸術」と「大衆文化」の境界線を画定している。これを言い換えるなら、絵画は自立した表現として「ロー・コンテクスト」であり、マンガはやや内輪性が高い表現として「ハイ・コンテクスト」であるとも言える（だから「マンガが読めない人」が一定数存在する）。

ここに一つの逆説がある。すなわち、単層的な表現ほど多義性をはらみやすく、多層的な表現ほど一義的となりやすい、という逆説である。くり返し確認するが、もちろんあらゆる芸術表現は多層的であるという「言い方」は可能だ。しかしその場合の

「多層性」なるものは、あくまでも事後的解釈の産物である。マンガの多層性に関しては、さきほど『のだめ』の一コマで示したように、誰もが読み取りうるほど単純な表現形式に過ぎない。

重要なことは、マンガの多層構造を支える複数のレイヤーが、単純に視覚刺激に寄与するばかりではない、という点である。

もちろん描かれた風景や人物の造形は、通常の絵画と同様の視覚刺激として与えられるだろう。しかし、この時点ですでに表情や観相学的な性格付けといった意味論の次元に僕たちは誘導されている。

フキダシとセリフは、もっとも意味伝達機能が高いのは当然としても、それだけではない。フキダシの形状にも感情は込められる。輪郭がギザギザの場合は、怒りや怒声である可能性が高い。尻尾のないフキダシ、あるいは尻尾が断続的になっているフキダシは、内言を意味するという「お約束」もある。

漫符や背景の効果線などは、感情の記号であるとともに、直接的な「雰囲気」や「空気感」の表現としても機能している。それゆえ巧みな作者は、これらの記号操作だけでキャラクター同士の人間関係まで的確に描くことができる。

擬音語や擬態語は、その字体とともに、主として聴覚刺激や触覚刺激を代替するものである。それは時に、漫符と同様に、空気感を指し示す場合すらある。

このほかにも、コマの形状や間白、あるいは欄外の書き込みやスクリーントーンのパターンに至るまで、マンガ表現はそのすみずみまで、感情と意味に浸されている。

マンガは五感すべてを刺激するメディアではない。それは事実だ。しかし視覚、聴覚、触覚のほかに、「感情」や「空気」といった、通常の五感では直接感知できないはずの刺激すらも確実に伝達する機能を持っている。

このようにマンガの表現空間においては、視覚を媒介とする形で、さまざまな共感覚刺激が駆使されることになる。その結果、あたかも五感を模倣するかのような複数の感覚レイヤー＝認知インターフェイスが仮構される。それらを同期させることで表現に一定のリアリティをもたらし、同時に場面の意味を確実に共有可能なものにするのである。

複数の感覚レイヤーを確実に同期させるという表現特性は、ほかのいかなる表現メディアにもみられない特性であると断言できる。なぜそれが可能になったかはわからない。ひとつはっきり言えることは、もしマンガ表現がこれほどハイ・コンテクストなものでなければ、こうした進化は起こりえなかっただろうということだ。むしろ、アメコミやバンドデシネのような絵物語や象徴的表現のほうに進化していった可能性が考えられる。

ここでもう一つ、忘れるべきでないのは、こうしたマルチインターフェイスの刺激は、事実上、その認識を強制されているということである。「強制」とは穏やかではないが、それはこういうことである。

不定形の図形にすら、「眼」が書き込まれただけで、僕たちはそこに「顔」をみてしまう。同じように僕たちは、その画面に「顔（キャラクター）」が描かれていればそこに「性格（キャラクター）」や「感情」を読まずにはいられない。さらに「顔＋感情」（時には「セリフ」）が描かれていれば、ほとんど自動的に「物語」を読み込んでしまう。

こうした連鎖は、僕たちが日常においても「顔」と「感情」に満たされた世界を生きている以上、避けることのできない反応なのである。

情報量という点からいえば、マンガは必ずしも効率的なメディアとはいえない。にもかかわらず、「学習マンガ」の人気が依然として根強いのは、マンガというメディアが「キャラクター＋感情」という形式を付与することで、あらゆる情報を擬人化し、物語化して伝達する機能を持つからだ。

僕たちはなぜマンガを「速く」読めるのか。データ総量で考えたら、小説の数百倍はあるだろう情報の塊を、僕たちはいともたやすく読み捨て消費している。これはなぜか。理由ははっきりしている。

マンガは僕たちに、もっとも高い効率で情報を〝読み込ませる〟ために発達してきた表現メディアなのだ。先に述べた感情の密度の高さも、僕たちが「描かれた強い感情を無視できない」という認知特性を持っているからこそ必要とされる。表現の形式として、これほど没入性が高く、僕たちに認知を〝強制〟してくるものはほかにない。

線は顔になり、顔は性格と感情をはらんでキャラクターとなり、キャラクターは表現における認知フレームとして意味と物語を重層的に伝達する。この点でマンガは、あらゆる表現ジャンルの中でも最も洗練された認知インターフェイスを持つ表現であると言いうるのである。

僕たちが日常的に消費しているキャラクターは、こうしたマンガ表現のスタイルと、相互に補完し合うような関係におかれている。一見したところ単純に見える平面キャラクターの成立の背景には、かくも複雑な歴史的変遷があるということ。その表現に際しては、ルネサンスから現代マンガに至る技法の蓄積が、その理解に際しては、複数の共感覚を駆使した多重フレームの認識が、それぞれフルに活用されているということ。

キャラクターが視覚的なものであるという必然性がここで明らかになる。そして、視覚情報としてのキャラクターが成立し認識されるためには、かくも長い歴史の蓄積と複雑な認知システムが必要とされるということ。まずはこの点を十分にふまえたうえで、キャラクターの「機能」の解明へと向かおう。

第5章

小説におけるキャラクター論

キャラクターと「物語」

前章で見てきたように、キャラクターの「存在」は、圧倒的に視覚優位である。そう、キャラクタービジネスの起源ともくされる「イエローキッド」がそうであったように。まったく視覚的要素を持たないキャラクターというものはほぼ不可能だ。

しかし、小田切が指摘するように、その強烈な「存在感」が物語を生成してゆくタイプのキャラクターならば、『オリヴァー・トゥイスト』の時点ですでに存在した。そう、本章では、特にこうしたキャラクターの機能に注目したい。キャラクターから、いかにして物語が紡がれうるか、という問題である。

この問題については、おそらく小説やライトノベルを素材とするほうがうまくいくはずだ。なぜならキャラクター小説の多くは、大塚英志、清涼院流水、西尾維新、新城カズマといった、自らの創造過程を批評的に分析できる書き手によって書かれていることが多いためだ。

以下、彼らの分析を参照しつつ、キャラクターが物語をいかに駆動するか、その過程をつぶさにみてゆこう。

大塚英志――キャラクターをいかに「作る」か

大塚英志は『キャラクター小説の作り方』（角川文庫）において、キャラクターを中核としてライトノベルを書く方法を詳しく述べている。また『物語の体操』（朝日文庫）では、カードを使ってプロットを組み立てる手法とトレーニング方法について解説している。ここでは前者の手法を中心に検討してみよう。ここで述べられている具体的な手法は、ライトノベルにおける「キャラクター」なるものの位置づけを考える際に参考になる。

大塚はまず最初に、「オリジナリティ」の呪縛から自由になるべきことを何度も強調する。オリジナリティにこだわることで自らハードルを上げるなどナンセンスだ。キャラクターなどは、既成作品のそれを換骨奪胎して流用すればいい。これはいわば、〝合法的な盗作〟の勧めである。

そのうえで、自らが原作を担当したマンガ作品『多重人格探偵サイコ』の元ネタが「多羅尾伴内」であることなど、元ネタをばらしながら、自らのキャラクター作法を解説していく。

たとえば「多羅尾伴内」なら、その属性をいったん「七つの顔を持つ探偵」というレベルまで抽象化する。その抽象化された特性を土台として、異なる外見や時代背景などで肉付けすれば、新しいキャラクターができあがる、というわけだ。

次に重要なことは、キャラクターの外見と物語を結びつけることである。ライトノベルにおいては、キャラクターの図像が決定的に重要だ。大塚によれば、このライトノベルというジャンルでは、「まんが・アニメ的リアリズム」で成立している。どういうことだろうか。『キャラクター小説の作り方』から引用してみよう。

「『現実』を写生せずに『アニメ』や『まんが』を写生することで新しい小説を最初にこの国で自覚的に作ろうとしたのは新井素子さんです。彼女は高校生の時、今はもうなくなってしまったSF雑誌の新人賞を受賞しました。その時、彼女はある新聞のインタビューで『ルパンみたいな小説を書きたかった』と答えています。ルパンとは言うまでもなくアニメ『ルパン三世』のことで、彼女は別にルパンをノベライズした訳ではありませんが、『ルパン』のアニメが与えてくれる印象を文章で再現しよう、と、その時、どうやら思い立ったようです」

ただ、新井素子のこの発言については新井の真意とは異なる引用であるとの指摘もあるため、事実関係は留保としておこう。重要なことはライトノベルのキャラクターが、現実の人間をモデルとしていない、という指摘である。むしろ大塚によれば、ライトノベルとは「アニメやコミックという世界の中に存在する虚構を『写生』する小説」(前掲書)であるからだ。

またそれゆえにこそ、ライトノベルの表紙は、アニメーターや漫画家が手がける決まりになっている。大塚の論点をさらに補足するなら、このジャンルにおいては「キャラ萌え」が決定的なまでに重要であり、キャラクターは男女を問わず、まさにマンガ・アニメ的なリアリズムのもと、魅力的な図像(萌えイラスト)によって補完されることにより「作品」が完成するのが一般的である。

三番目に大塚が挙げるのは、キャラクターとは「パターンの組み合わせ」である、ということだ。キャラクターの図像や性格は(あるいは物語も)既成のパターンを組み合わせることで作り出せる。つまり大塚は、ここでもオリジナリティにこだわらないことをくり返し強調するのだ。

この本でキャラクターそのものを作成するコツとして具体的に挙げられているのは以上の三点であり、残りの章は「物語」や「世界観」の作り方の解説に当てられている。また、キャラクター小説の起源として田山花袋の『蒲団』が挙げられ、私小説の「私」のキャラクター性が分析されているが、この点は本書の趣旨から同意しかねる点もあるため詳しくは触れない。

新城カズマ――ストーリーは「一つ」ではない

小説作法としてのキャラクター理論について、きわめて興味深い視点を提供してくれているのが、新城カズマによる『ライトノベル「超」入門』（ソフトバンク新書）である。新城は実作者の立場に立って、きわめて説得力のある形でキャラクター論を展開している。本書には、作品とキャラクター類型がいかに密接な関係性にあるかが丁寧に描かれており、キャラクター小説を考える上では必読文献の一つと言ってよい。

新城はまず、キャラクターという言葉の起源として、「はじめに」で触れたお笑い用語のほかに、テーブルトークRPGを挙げている（物語を作るさいのTRPGの重要性については、大塚英志も前掲書でくわしく述べている）。

このゲームでは、キャラクターそれぞれが職業を持つため、その職業にふさわしい性格設定がなされる。やがてこの職業がなんらかのアイテム（メガネ、猫耳など）に置き換わり、アイテム＝行動様式＝性格という形式に落ち着いた、というわけだ。これはこれで非常に説得力のある起源説である。

もう一つ興味深いのは、雑誌『ファンロード』に掲載された読者の投稿イラストへの言及である。これは読者が創ったオリジナルキャラクターであり、そこでは「物語がぎゅうっと圧縮されて、人物イラストの中に封じ込められている状態」としてのキャラクター造形がなされた。つまり一人のキャラクターの外見に、物語全体が反映される状態である。ここにもキャラ＝物語の関係性がみてとれる。

新城はさらに、「ハーレムもの」における「女の子インフレ」がキャラの分化を促したのではないか、という仮説を呈示する。『うる星やつら』や『天地無用！』など、主人公の男子を大勢の美少女が取り囲む設定の作品（ゲームを含む）は一つのジャンルを形成している。ここで数多くいる女の子を分類し認識する必要性から「キャラ」「属性」といった理解が発生し、九〇年代のライトノベルはその影響下にあったとされる。

ただし、それに先行するように『キャプテン翼』や『幽☆遊☆白書』などの「男の子インフレ」が少女たちに消費される過程で、「攻め」や「受け」を含んだキャラクター理解が進められていたという事実もふまえておく必要がありそうだ。以上の点は、後述するように、ジャニーズタレントやアイドルグループ「ＡＫＢ48」におけるキャラ消費のあり方にも通ずるものがあり、興味深い視点である。

しかし、新城の指摘でもっとも重要と思われるのは、ゲームからの影響に関する部分である。

従来の物語が、ただひとつの結末へ向けて収束していく一本の曲線であるとすれば、ゲームはプレイヤーの選択によっていくつもの分岐をはらみつつ、複数の結末に辿り着くような曲線の束と考えられる。新城は近代文学の主人公を「何かを選択し決断する、内面やら人格やらを持った人物」とみなす一方で、ライトノベルのキャラについては「こういうシチュエーションではこういう言動をみせそうな、いかにもそんな外見の人物」としている。

この区分は言うまでもなく、伊藤剛による「キャラ」と「キャラクター」の区別に一致する。この指摘を敷衍すると、決定的な決断や選択は、人格とは無関係になされるというテーゼに辿り着くだろう。あるいは物語や運命と性格の乖離、というテーゼとしても有効かもしれない。

おそらくキャラクターは、物語のジャンルや文脈を決定づける。しかし、それは同時に、物語がもはや単線的なものではありえないことも意味している。現代の物語において優位なのは、もはや固定されたストーリーラインではない。常に優先されるべきはキャラの属性と関係性のほうなのだ。それさえ一定に保たれている限り、そこから紡がれる物語は無限となる。同人誌やウェブ空間に書かれている膨大な数の二次創作の作品たちが、そのなによりの証となるだろう。

清涼院流水のＤ－Ｄ小説

　ここまでで、キャラクター小説がどういうものか、あるいはキャラクターがいかに造形されるかについては、おおむね理解されたことと思う。ここからは、キャラクターが物語にいかなる影響をもたらす存在かについて、二人のきわめて特異な作家を素材として検討してみよう。

　まず一人目は、ミステリー作家の清涼院流水である。

　清涼院は新本格の名門・京都大学推理小説研究会の出身で、弱冠一九歳でデビュー作品『コズミック』を完成させ、同作で一九九六年、第二回講談社メフィスト賞を受賞している。本作は発表直後から激しい賛否両論を呼び、そのアンビヴァレントな評価もあいまって、間違いなくミステリー史に残るであろう問題作となった。その後も『ジョーカー』、『カーニバル』、『彩紋家事件』など、後述する日本探偵倶楽部（ＪＤＣ）の探偵が活躍するＪＤＣシリーズを精力的に発表し、最近ではミステリー作家としては異例なことに、ビジネス書や英語学習法の連載などにも取り組んでいる。

　デビュー作にすべてがある、という紋切り型が清涼院のような作家にも該当するかどうかはわからないが、本章では異形の傑作『コズミック――世紀末探偵神話』（講談社ノベルス）とそのキャラクターについて中心的に検討を進める。

『コズミック』では、冒頭からそれがメタ・ミステリーであることが告げられる。つまり最初に掲げられる謎めいたＦＡＸ文書、「今年、１２００個の密室で、１２００人が殺される。誰にも止めることはできない。」の送り主は、自ら「密室卿」を名乗るのだ。

そして予告通りに、一日平均三人のペースで殺人が起こる。警察も名探偵集団ＪＤＣも、その謎を解くことはできない。そこで登場するのが、究極の探偵、九十九十九《つくもじゅうく》である。彼は神通理気《じんつうりき》と名付けられた天才的推理力によって、すべての謎を解き、ついに驚愕の真相が明かされる。

ちなみにＪＤＣとは、京都に本部を構える名探偵だけからなる組織である。ここには約三五〇人の探偵が所属し、探偵たちは成績ごとに第一班から第七班まで班分けされている。

「流水大説」（自身の作品のこと）の主要な登場人物はＪＤＣのメンバーであり、そのキャラクターを採用した「ＪＤＣトリビュート」なるシリーズが、講談社ノベルスから刊行されている。西尾維新はこのシリーズとして『ダブルダウン勘繰郎』を発表し、舞城王太郎も『九十九十九』を書いている。こうした二次創作欲をそそるあたりも、いかに清涼院の生み出したキャラが「立って」いたかがわかろうというものだ。

しかし、見てのとおり彼の「大説」はすべてが過剰だ。真面目なミステリファンは激怒し、批評家は新時代の到来を予感して惜しみなく称賛を送る。そうした激しい賛否を呼んだのも、まさにこの「過剰さ」ゆえのことではなかったか。

一二〇〇の密室、一二〇〇の殺人、多すぎる名探偵。多すぎる見立て、多すぎる推理、多すぎる枚数。そして過剰すぎる形容詞。

たとえばメタ探偵・九十九十九の容貌はあまりに美しく、直視したものを失神せしめてしまうため、常にサングラスを装用していると記述される。彼の美貌と推理力は、常に最大級の形容によって描写されるため、それがどんなものなのか、およそ具体的なイメージを持つことができない。

それでは清涼院の「新しさ」とはどこにあったのか。実は、彼の作品におけるミステリーとしての仕掛けそのものには、それほど革新的なものはない。メタ・ミステリー自体が飽和しつつあるジャンルであることに加え、登場人物の命名で遊んでみせること、言語ゲームに依存した叙述型のトリックなど、いずれもすでにある手法のリサイクルだ。

清涼院以前の「新本格」の書き手、綾辻行人、法月綸太郎《のりづきりんたろう》、我孫子武丸、麻耶雄嵩《まやゆたか》

らの世代はまだ、ミステリーというジャンルへの愛や、トリックへのこだわりが強いように思われる。

しかし清涼院は、この路線の先にある袋小路を早くから見切っていた。そして奇妙なほどの自信と豪腕でミステリーそのものを脱構築したのだ。

すなわち彼は、ミステリーが陥りつつあった袋小路を、過剰なまでにマニエリスティックな手つきで「流水大説」という形式に回収し、あたかも袋小路を出発点に置き換えるような、トリッキーな反転を行ってみせたのである。本書との関連で言えば、質量ともに過剰なキャラクターの採用もまた、そのためになされたのだ。なぜこのようなことが可能になったのか。

「新本格」世代は、いわゆる新人類世代である。この信仰なき世代は、「すべては虚構に過ぎない」「この世界に意味はない」といった偽装された絶望のもとに、強固な「外部」あるいは「他者」への信仰を秘めている。彼らの信仰は神の絶対的不在をこそ信仰するという、まさに否定神学的な構造を持っている。

その意味で「新本格」の書き手たちに共有されているのは、法月綸太郎が可能性として示唆した「ミステリーの不可能性」という信仰であろう。それゆえ彼らは、不可能性ゆえに「あえて」書くことをやめられない。「ミステリーの神の不在」への信仰が、彼らをそのようにそそのかすのだ。

しかし清涼院は、いわば「ポストモダン」における第二世代だ。ポストモダン的シニシズムの決定的な影響のもと、彼らはいわば絶望することにも絶望している。ここで採用されるのは、清涼院と同世代の東浩紀が否定神学に対抗すべく提案した「複数の超越論」だ。具体的には「小説」から「ゲーム」へという語り口の変化である。

清涼院自身、自作をしばしば小説よりはゲームになぞらえる。確かにゲームとして考えるなら、荒唐無稽な設定も、あたかも「スペック」のように記述されるキャラクターの性格も理解できる。

彼がゲームを作るように作品を創るとすれば、そこには通常の意味でのナルシシズムの投影は起こりにくいはずだ。なぜならゲームの作り手はしばしば複数であり、しかも彼らは創造主にはなれても「神」にはなれないからだ。ゲームにあっては、神の役割は半減する。なぜなら神とは、キャラクターを操作する受け手の側を指すのだから。

僕を含め新人類世代は「他者」と「外部」への信仰を捨てきれず、それゆえ自らのナルシシズムを作品への自己投影として表出しようとする。このため作者と作品はたとえば「文体」などを通じて、密接な関係におかれることになる。

これに対して、清涼院に見られる作品への自己投影の希薄さは、まさに作品をゲームのように構築することに起因するだろう。流水大説においては、世界設定とキャラクターのスペックが、物語の進行とは別のフレームで与えられている。設定とストーリーをこのように分離する手法こそが、流水大説のゲーム性をいっそう際だたせてくれるだろう。どういうことだろうか。

「物語と設定を分離する」という技法そのものが、物語の外側に複数の可能世界を想像させ、読者に擬似的な操作感すらもたらすということ。つまり読者は、別でもあり得た無数の運命の中から、一つのストーリーを自ら選択したかのように錯覚するのだ。「ゲーム性」はおそらくこの錯覚に起因する。

それゆえ清涼院は文体にも無頓着だ。無頓着すぎて逆に個性的な文体になっていると言うべきか。文章は基本的に、起きたことを淡々と記述しながら進む。まるで、ゲームプレイをそのまま記録したかのように。

こうした作品の存在が、西尾維新や舞城王太郎らの後進作家に大きな影響を及ぼしたことは間違いない。その意味で、彼の登場は間違いなく一つの革命だったのだろう。

さて、『コズミック』の、あるいは清涼院作品の本質は「命名の過剰」にある。第二作『ジョーカー——旧約探偵神話』の巻末にＪＤＣ所属の探偵一覧表があるが、この表には探偵の所属、生年月日、身長体重、血液型と利き腕までが記されている。

　そこには主人公である「メタ探偵・九十九十九」を筆頭に、珍妙な名前の長いリストが続く。このリストをみれば、本作もまた一種のキャラクター小説であることがはっきりするだろう。

　ＪＤＣに所属する探偵には、全員それぞれ得意の推理ワザがあり、その技法もまた、一つ一つ命名されている。たとえばこんなふうに。


「鴉城蒼司《あじょうそうじ》：集中考疑《しゅうちゅうこうぎ》…事件の要点に集中して超絶推理」

「九十九十九：神通理気《じんつうりき》…必要なＤＡＴＡが揃うと真相を悟る」

「龍宮城之介：傾奇推理《かぶきすいり》…常識に縛られず、頓智を働かす」

「九十九音夢《ねむ》：ファジイ推理…女の勘で、漠然と真相を感じる」

「ピラミッド・水野：超迷推理《メタめいすいり》…漠然と推理し、必ず真相を外す」


　ここに示された過剰なまでの命名の身振りにおいて、僕が「探偵の多重人格化」を指摘したとしても、さほど違和感はないだろう。第2章で述べた「交代人格」についての記述を思い出してほしい。わかりやすい名前とわかりやすいスペックで記述される複数のキャラクターたち。これこそまさに交代人格の特徴ではなかったか。

メタ・ミステリーからキャラクター小説（流水大説）へ。この推移には、ちょうど精神医学領域における「分裂（splitting）から解離（dissociation）へ」、あるいは「境界例から多重人格へ」という変遷にきわめて近いものがある。

ここで僕が連想するのは、一九九五年の阪神・淡路大震災によって、清涼院の実家が全壊したという事実である。この経験は、彼が当時執筆途中だった『カーニバル』の設定や自身の人生観に大きく影響を及ぼしたという。九〇年代後半と言えば、ちょうどわが国でもＤＩＤ事例が増加し始めた時期でもあることは、なにやら示唆的に思えてくる。

ミステリーにおける形式的変遷と精神医学における病理の変遷に構造的な共通点がありうるとすれば、それはなんだろうか。

ミステリーはその想像的な形式ゆえに、メタ・ミステリーを志向するようになる。これは容疑者と探偵、作者と読者という二者の対立関係がなかば必然的に要請するものだ。しかしメタレベルは常にすでに空虚でしかない。すなわちメタ・ミステリーの試みは、最終的には自らの空虚を見いだし自壊するほかはないだろう。

清涼院が出自とするのは、まさにこうしたメタ・フィクションの荒野である。作家のキャリアをミステリーへの絶望において開始した彼は、メタの空虚さに居直ることも、「本格志向」という素朴な原点回帰を試みることも拒絶する。

代わって彼がメタ・フィクションの不毛を封じるために見いだした戦略こそが、過剰なまでの「命名の身振り」であったとしたら。

名前と、その平明なスペックの記述が際限なく増殖する物語。それは「固有名の記述不可能性」という深層、すなわちメタレベルに対する抵抗でもある。虚構空間のなかで記述可能な「準固有名（＝キャラ）」を際限なく増殖させること。深層を欠いたイコン（＝キャラ）が断片化とともに増殖し、表現空間は過剰に平板化する。

それはたとえば、後述する村上隆のコンセプト「スーパーフラット」を連想させないだろうか。どこまでもフラットな地平が広がる無限の空間、その超平面的な空間意識が、すべて「キャラ」の名のもとで可能になるということ。

もはやそこに「メタレベル」はない。そのような空間では、作家自身もキャラ化されてしまうからだ。そう、そこにあるのは「文脈《コンテクスト》」のみである。「すべてがキャラになる」というコンテクスト。

清涼院流水のなしとげたこと。それはメタ・フィクションの袋小路に対し、キャラ化のコンテクストという出口を貫通させてみせたことだ。それは唯一の出口ではないのかもしれない。しかし、キャラ化のドライブで物語空間までも超平面化しうることを証明してみせた彼の功績は、決して小さくないことを、ここで繰り返し強調しておこう。

西尾維新――小説のシステムとは何か

二人目に取り上げる作家は西尾維新だ。彼はライトノベル、あるいはミステリ業界にあって、清涼院流水を正統的に継承しようと宣言した最初の作家である。インタビューで西尾は次のように述べている。

「清涼院流水先生の『コズミック　世紀末探偵神話』が発売されたのを見て、『これがありなら俺様もありだ』と思ったのがメフィスト賞に狙いを定めたキッカケでしょう」（西尾維新インタビュー『活字倶楽部』二〇〇四年冬号）

その一方で、清涼院のほうも、西尾維新を高く評価している。「（注目している若手作家は、との質問に）西尾維新さんと乙一さんですね。あのお二人は僕のやりたいことをかなり理想的におやりになっているという印象があります。本格やゲームやまんがやアニメや映画といったいろんなジャンルのおいしいところを遠慮なしにとってくるリミックスの感覚が僕と通ずるものを持っているな、と」（清涼院流水スーパーインタビュー『ファウスト』Vol.1）

西尾維新は二〇〇二年二月、大学在学中に『クビキリサイクル』でデビューし、「京都の二〇歳」として知られていた。主人公「いーちゃん」の「戯言」と称する一人称の饒舌体で作品は書かれ、作品全体に奇妙な浮遊感がある。いちおう体裁はミステリーという形式をとりつつも、トリックなどにさしたる重きをおかない点も、清涼院と共通する。

彼の小説は、一見したところ、ゲーム性や小説破壊性において清涼院流水ほど徹底しているようには見えない。しかし西尾自身は、自ら小説を一種の形式＝システムとして構築しようと試みている。

「未知のシステムを構築するしか書く方法がないんです。魂を削って書こうにも僕には魂がない。小説を書く才能そのものがないんです。これは謙遜でもなんでもなく自分の才能のなさとか魂のなさを知っているからいえることで、哀しんでいるわけではなくて、知っていることが僕の唯一の武器なんです。（中略）だからこそ僕はシステムの構築に走り、そしてその結果、自分しか書けない世界を書いているファウスト部の先輩方にすごいコンプレックスを抱いているんです」（西尾維新インタビュー『活字倶楽部』二〇〇四年冬号）

もちろんこの種の「システム」にすら、作家の固有性は刻印されてしまうだろう。

しかし方法論としてみる限り、ここには清涼院と共通する手続きがみてとれる。作家のキャラを立てることで、そのナルシシズムが作品に及ぼす影響を最小限にとどめること。後述するように「キャラ」とは、いかなる所有や帰属をも免れる自律性をもっている。それは従来の「作家の自意識」のありようとは、あきらかに異なる。そして西尾の作品もまた、きわめて自己投影の希薄なキャラクター小説として成立しているのだ。これは西尾自身が、いかなる場合でも自我が文体に直接に反映されることがないように、きわめて周到に彼の「小説システム」を構築しているためではないか。

それではその小説システムの成り立ちを、キャラクターに焦点を当てながらみてみよう。インタビューを読む限り、西尾の小説システムはキャラクター主導といっていいほどその比重が高い。

「なんにしろ作家というのはキャラクターを創作するときに、少なくとも最低限ある程度は『自律的』な存在として創作するものだと思うのです。僕の場合はそれが極端で、いうなら完全自立性汎用人型キャラクター、その極端さが一番形として出たのが『ロマンス』であると思っています」（西尾維新インタビュー『ミステリー迷宮読本』洋泉社）

あるいは「一つのキーワードから始めて一人のキャラクターを描写する、という形が多いかと。例えば『人類最強の請負人』。これを『人類の最強で請負人なんだろ？』で終わらせず『だったら赤いはずだ』『男ではないな』『多分怒りっぽい』『コスプレ大好き』と発展させます。作るというよりは見つけようと推理している感じです」（西尾維新インタビュー『季刊 Comickers 二〇〇三秋号』美術出版社）

また同じインタビューで、名前は「魂」であり、それが先行するほうがキャラクター作りは楽であることも述べられている。

しかし、西尾のライトノベル作家らしさは、イラスト重視の姿勢にもっとも強く現れているだろう。

「はっきりいってイラストがない小説は完成品ではありません。（中略）僕らはある意味チームみたいなものであって、イラストがなければ成立しないと思っています。（中略）『クビシメロマンチスト』以降からはすでに竹さんのイラストのイメージがある程度あって書かれていますから」（『活字倶楽部』）

この回答からもわかるとおり、西尾にとってはイラストレーターから与えられたキャラクターのイメージすらも、彼の言う「小説システム」の一部なのだ。それゆえ西尾にも、作家的ナルシシズムやジャンルへのこだわりは希薄に見える。

「僕の小説の場合、キャラクターを立てて、トークしているだけで十分おもしろいと

思う。ただ、それでは物語が成り立たないから推理小説的なストーリーの形を借りているんです」(前掲インタビュー)

キャラクターの自律性へのこだわりを除けば、西尾の場合も清涼院流水と同様、世界設定、キャラクター、物語が別々のフレームで構築されており、やはりきわめてゲーム的だ。

さきほど少し触れたように、西尾のキャラクター作りは、きわめて特異な方法論に則っている。少なくともそれは、大塚英志や清涼院流水のそれとは、かなり異なっているように思われる。

この方法論について西尾自身は、複数のインタビューで繰り返し「まず名前から決める」「一つのキーワードから決める」と述べている。そう、「哀川潤」の造形が、事後的になされたように。

「名前が先に決まるのが大半です。『ネコソギラジカル』では『十三階段』という十三人の人間が出てくるんですけど、これは名前から全部決めました。それから、職業や属性を決めて少しずつ詰めていくわけです。基本的には、名前でキャラクターを定義してしまいたいというのがあります。『水倉りすか』という名前だけで、もう全てがわかってしまうように、名前に力を持たせたいんです。だから、単純に物珍しい名前をつけているということではなくて、僕なりの名付けのルールは明確にあります。ときどきあえて外したりもしますけど。『病院坂黒猫』は我ながらすごい名前だと思いましたね（笑）」（西尾維新インタビュー「王道を逆立ちして行く」『ユリイカ』二〇〇四年九月増刊「総特集 西尾維新」）

こうした方法論は、一見したところ、先述した大塚の設定した方向とはまったく逆方向のようにも見える。大塚はキャラクターの固有性を断念し、すでにあるパターンの組み合わせや換骨奪胎でキャラクターを作るべし、としている。ところが西尾は、まず名前を決めよ、と言う。固有名を決めたうえで、事後的に属性を発見せよ、と。しかし両者の姿勢は、キャラクター創造への敷居を下げるという点では一致する。いずれの方法論を採るかは個人の資質による、ということなのかもしれない。

ともあれ大塚と西尾、両者の方法論を知ることで、キャラクター創造の秘密は、ちょうど両側から明らかにされた。イメージ重視の大塚に対し、西尾は言語重視であるとも言える。そう、西尾は大塚以上に、小説という形式の特異性にこだわりを持っている。

「語呂、語感というのは小説だけが持ちうる面白さ、武器であると考えています。視覚感ではマンガ、臨場感では映画、一体感ではゲームに、小説はどうしても一歩譲るところがありますが、それでも『言葉だけが持ちうる面白さ』が確かにあって、僕はそういうのが好きなのです」(『季刊 Comickers』インタヴュー)

以上の点をふまえて、実際に一つの作品の設定やキャラクター造形がどのように進むのかを『新本格魔法少女りすか』(講談社ノベルス)を素材にみてみよう。小学五年生の少年、供犠《くぎ》創貴《きずたか》と、〝魔法の国〟である長崎県から転入してきた不登校児、水倉《みずくら》りすかが繰り広げる冒険譚だ。

「まず僕の頭のなかに『魔道市』という単語があったんですよ。それが先にあって『魔法の国として相応しい県ってどこだろう?』と。(中略)県境が一つしかない都道府県が望ましかった。長崎県は鎖国中に開かれていた、つまり異文化が入ってくる唯一の窓口だった、みたいなところがあって、それで——僕が九州を好きで思い入れがあるというのもあるんですけれど——長崎が魔法の国という設定にしよう、と。そうなると、長崎と接しているのは佐賀県だけじゃないですか。それで舞台を佐賀県にしようと。そこから『魔法使いは決して海を渡れない』と設定を作って、『事件が起きるのは九州の土地に限定しよう』と広げていった」(西尾維新インタビュー『波状言論』二〇〇四年一月B号)

見ての通り、西尾による世界設定はきわめて論理的だ。ただし、その論理がしばしば直感に裏打ちされていることは、次の発言からもわかる。

「これは非常に僕らしい言い方になってしまいますけれども、『都道府県としてのキャラの立ち具合』という意味では、長崎はかなりキャラが立っているわけです。京都や北海道もかなり立っていると思います。沖縄や東京はややキャラが強過ぎるきらいがありますね」（前掲インタビュー）

それでは、なにゆえに長崎はキャラが立っていると言いうるのか。そこにはっきりした根拠があるわけではない。核や半島問題も、あるいは当時話題になった佐世保の事件（小学生女児が同級生の首をカッターで切って殺害した事件）も、西尾によれば無関係だ。

キャラ間の関係性の設定については、さまざまな「魔法少女もの」を参考にしたという。

「変身して大人になって、気になる男の子がいたりマスコットがいたり、魔法の王国があってお父さんがそこの王様で、そこから人間界に留学生みたいな感じでやってきて……という基本要素をそこで洗い出していきました。これを全部やってやろうというのでスタートしたんですけど、ただ全部やっても同じ物ができるだけですから、ちょっとずつひねくれさせた」（前出『ユリイカ』インタビュー）

要するに魔法少女物のパロディというわけだが、それにしても「りすか」というキャラクターの造形は個性的だ。

小学五年生の魔法使いで不登校。自宅で魔道書を写している。好みのタイプは関取体型で趣味は相撲観戦。リストカットで血を流すことで魔法を行使。「変身」後はちょっとイカれたテンションの美女に「成熟」する。パートナーの男子・供犠創貴は、りすかを「使える駒」としか考えない鬼畜小学生だ。だから魔法も、普通の魔法少女のように、日常のちょっとした悩みを解決するためには使われない。魔法使いが起こした事件を裁き、最終的にはりすかの父親・水倉神檎《しんご》に出会うことが目的となる。

僕の推測では、以上のキャラクター造形は「りすか」という名を命名した後で、ひとつひとつ「発見」されたもののように思われる。しかし、それだけですべてが説明できるわけではない。

とりわけ西尾の面目躍如とも言うべきなのはりすかの語り口だ。日本語を覚えたてという設定であるため、主語と述語が転倒している。「時間なんて概念が酷く些細な問題なのが、このわたしなの」といった翻訳調。言語障害系の萌えと言えば村上春樹『1Q84』の「ふかえり」が何といっても有名だが、西尾の作品はこれに先行すること七年である。やはり異能というほかはない。

〝キャラ〟は「換喩」である

第3章でディズニーとサンリオそれぞれのキャラクターの対比で述べたように、「人間」の隠喩である欧米型キャラクターに対して、日本型キャラクターは、人間や動物の形態的な類似性のみを媒介とした一種のイコン、つまり換喩的なキャラクターであると考えられる。

これに関連づけて言えば、大塚英志によるキャラクター造形の技法は、その原理からして隠喩型のキャラクターを作るのに向いている。既存キャラクターの特徴を抽出して、その特徴を他の物語文脈に置き換えるのだから当然と言えば当然だ。

いっぽう、西尾維新のキャラクター作りは、この対照においては換喩的である。例に示した「人類最強の請負人」という言葉から、「赤い」「男ではない」「怒りっぽい」などの特徴を発見するには、隠喩よりも換喩的な連想能力が必要となるだろう。もちろん「名前」からキャラクターを造形する場合も同様である。

「キャラクター」と「物語」をセットで考える場合には、隠喩型で発想するほうがあきらかに有利だ。大塚の著作が、キャラクターを端緒とした物語論であることからも、それははっきりしている。「世界」と「キャラクター」が、ともに欠如を抱えており、それを埋めていくことで物語が駆動されるということ。このときキャラクターと世界は、まさに「欠如」によって、密接に結びあわされることになるだろう。

しかし換喩型のキャラクター（「キャラ」）は、「世界」とそうした関係を結ぶことはない。このタイプのキャラクターをいくら並べても、そこから「世界＝物語」は自動的には生まれない。

実作の経験がないので想像するしかないのだが、「キャラクターが動き出す」という状態は、おそらく隠喩型キャラクターのほうが起こりやすいはずだ。彼らは世界と関係し、他のキャラクターと関係し、成長してゆく存在なのだから。この関係性が物語を駆動し始める局面については、拙著『関係の化学としての文学』（新潮社）で十分に述べてきた。

いっぽう、世界との関係が希薄な換喩型キャラクターは、自走することがありうるとしても、それはきわめてゲーム的な感覚に近いものであるように思われる。つまりキャラ同士の関係性ではなく、プレイヤーによる操作のような感覚のもとで物語が進行するということ。また、こちらのキャラたちは互いに関係し合うことも、成長することもほとんどない。「自律性が高い」とはそういう意味でもある。

実際、西尾維新の代表作「戯言シリーズ」においても、膨大な会話、すなわち「戯言」が交わされはするが、彼らが「関係」を持つことはほとんどない。「ぼく」が「玖渚友《くなぎさとも》」によって「所有される」といった関係はあるが、そこには変化も進展もないのだ。

西尾維新の創造したキャラクターについて、主にその換喩性に注目して述べてきた。しかし本当はこれは逆なのではないか。そう、本来すべてのキャラクターは、程度の差はあれ「人間の換喩」にすぎず、西尾維新はそれを徹底したに過ぎないのではないか。

「表現したいのは『言葉』です。言葉が全てを支配する世界」（前出『季刊Comickers』）

「世界」は命名によって生まれ、「キャラクター」は命名によって魂を吹き込まれる。それは果たして、虚構世界だけのことなのだろうか。言葉を中心に世界が構築される時、そこにどうしようもなく露呈するのは、「現実」vs.「虚構」という対立の仮想性ではなかったか。

その意味で西尾が試みているのは「物語の先鋭化」などではなく、「キャラクターの抽象表現主義」ではないだろうか。その最も先鋭的な試みが、まさに実験的作品であった『ニンギョウがニンギョウ』（講談社ノベルス）である。西尾はこの作品において、ある実験を続けているように思われる。すなわち「キャラ萌え」の臨界をきわめるという実験だ。

『ニンギョウがニンギョウ』という作品が特異なのは、そこに西尾作品の最大の特徴ともいうべき、あの夥しい名前たちがいっさい欠けている点だ。このため本作には「キャラ」が存在しない。

それでは本作で前景化したのは、西尾維新というラノベ作家が、その親しみやすいキャラに秘めた謎めいた深層なのだろうか。キャラの名前をはぎとって露呈したのは、西尾の真の作家性、ということなのだろうか。

おそらくそうではない。本作の西尾の文体は、むしろいつになく匿名的なものに思えるほどだ。あらためて感ずるのは、その自己投影を含まない名前＝キャラたちの饒舌なやりとりにこそ、西尾の作家性の真骨頂がある、という事実である。

キャラと僕たちは、互いに「関係」を求め合いつつも、ついに「関係」を持つことができない。「戯言シリーズ」のキャラクター達がそうであるように。そこには「キャラ萌え」しか存在しない。そして「キャラ萌え」の根源には「関係の不可能性」が刻印されている。

西尾は何を明らかにしたのか。「萌え」にメタレベルが存在しないこと。そして、

「萌え」が「転移」そのものであることだ。なぜそう言いうるのか？　ラカンはかつて次のように指摘した。「転移がリアリティを生み出す」。そして「転移の転移は存在しない」。

もちろん「萌え」が「ヴァーチャルな転移」だ、などと言いたいわけではない。むしろ「萌え」こそは、もっとも抽象化された、純粋な転移感情にほかならないのだ。そしてフロイトによれば、転移を媒介するのは、対象における「ただ一つの特徴」ということになる。

「ただ一つの特徴」と聞いて僕たちがただちに連想するのは、西尾作品におけるキャラクターの、あの特異な名前たちだ。もちろん彼らは魅力的な人物造形を、つい萌えずにはいられないビジュアルを持っている。しかし、その一切の起源が、あの「名前たち」であるということ。これは西尾が何度も強調してきたことだ。

ならばあの「名前たち」は「文字」なのだろうか？　萌えの起源は文字にある、と考えるべきなのだろうか？　おそらく、そうではない。第3章でふれた、キャラと文字の関係性を思い出そう。

「一なる印」としての文字は、それが主体のいかなる属性とも無関係である（非世界的存在）がゆえに、そこに主体の全体性を封じ込めることができた。しかし、キャラの名前はこれと異なった機能を持つ。西尾キャラの属性は、そのすべてが命名から事後的に生成している。西尾キャラの名前がキャラの属性と換喩的な関係にあることはすでに述べた。

このとき名前は、その想像的機能のもとで「萌え」をもたらすが、それは想像的に完結しているがゆえにあらゆる象徴的関係性を拒絶するだろう。キャラは関係しない。キャラは成長しない。キャラは「世界内存在」ではない。かくしてキャラは想像的な機能を持つ特権的な記号として、ただ自律するのである。

第6章　アートとキャラの関係性について

アートにおけるキャラの例

わが国の現代アートにおける最大の特徴のひとつは、「キャラの導入」にあったと僕は考えている。ここで多くの人が反射的に村上隆を思い浮かべるだろう。とりわけ彼の創造した「DOB君」の姿を。しかし、彼のみがそうした手法で突出しているわけではない。

たとえば村上隆に先だって美少女フィギュアを作品に取り入れてみせた作家には中原浩大（「ナディア」一九九一—九二）がいる。また村上とほぼ同時期に「アトマウス」（鉄腕アトム＋ミッキーマウスのようなキャラクター）を作品に取り入れた韓国のアーティスト、イ・ドンギがいる。彼がこのキャラクターを最初に描いたのは一九九三年ということだ。九〇年代初頭は同時多発的にアート界にキャラクターが導入された時期だったのかもしれない。

村上隆は有限会社「カイカイキキ」を運営しているが、そこでデビューした若手アーティストは、多かれ少なかれオタクの血を引き継いでいる。なかでも一番の真性は「Mr.」（ミスター、以下敬称略）。Berrys 工房好きで「九歳から一三歳くらいの子」という偏ったストライクゾーンを持つこのアーティストは、世界名作劇場のような絵柄の少女たちを大量に描き続けて、いまや国際的名声を博している。

カイカイキキ出身者では、このほかタカノ綾や國方《くにかた》真秀未《まほみ》がいる。ふたりとも、少女の身体性とキャラクター性がどのように成立しているかを考える上では、きわめて重要な作品群を世に問い続けている。

他にもキャラで言えば、つり目幼女のイラストで知られる奈良美智とか、自分の父親を腹話術人形に見立てて「トラやん」というキャラにしてしまったヤノベケンジもいる。しかし村上隆以外で僕がもっとも注目しているのは、グルーヴィジョンズの試みだ。彼らについては後述しよう。

村上隆の功罪

村上隆。このアーティストを「不遇」と形容すれば、ただちに多くの異論があがるだろう。村上はゼロ年代を通じて日本のアートを牽引し続け、世界にも発信し続けた紛れもないトップランナーだ。二〇〇八年には米タイム誌の「世界で最も影響力のある一〇〇人」に日本の視覚芸術家としてただ一人選ばれ、二〇一〇年には世界遺産のヴェルサイユ宮殿で、日本人として初の大規模な個展を開催した。

個人制作のみならず、アーティスト集団「カイカイ・キキ（Kaikai Kiki）」を主宰し、芸術イベント「GEISAI」プロジェクトの運営に関わるなど、村上はゼロ年代以降の日本のアートシーンの活性化にも寄与してきた。最近では若いアーティスト集団による制作「カオス☆ラウンジ」へのバックアップでも知られている。

にもかかわらず、村上への風当たりは依然として強い。これほどの業績を上げながら、国内で大規模な回顧展が開かれるという話も聞かない。村上の名前を聞くと反射的に眉をひそめる人々は、美術業界にもオタク業界にも少なくない。また批評家によってても事実上「無視」に近い扱いを受けてきた。僕自身、まともな村上論は東浩紀によるものなどごく少数をのぞき、読んだことがない。海外での成功振りに比較した時、国内での冷遇振りとのギャップは、なんとも奇妙としか言いようがない。

しかし、その理由は単純だ。「村上は日本のオタク文化の上澄みをかすめとり、西欧のオリエンタリズムに迎合して大金をせしめた文化的詐欺師」。この種の誤解がいまだにまかり通っているのだ。

そう、僕はこの種の言説を典型的な「誤解」と考える。村上隆はオタク文化の上澄みをかすめ取ってなどいないし、むしろオタク文化の発展に寄与しているのだ。それも単に「海外に日本のオタク文化の素晴らしさを啓蒙した」といったレベルの話ではない。

ここに一例を挙げておこう。二〇〇九年に公開されたアニメ映画『サマーウォーズ』といえば、近年では『エヴァンゲリオン』の新作と並んで、もっとも高い評価を集めた作品だ。この作品中に登場する仮想世界「ｏｚ」のデザインは、あきらかにカイカイキキの濃厚な影響下にある。

むろんどこにもそうしたクレジットは明示されていないが、何人かの業界関係者の発言と、トークイベントで村上隆本人に直接尋ねたさいの回答から、僕はそのように判断した。オタク文化から受け取ったものを昇華し、その表現によってオタク文化に影響を与えること。要するにこれが村上隆の「恩返し」なのだ。むろんこれだけではないのだが、最もわかりやすい例として、この事例だけで十分だろう。

不当な批判にも沈黙を守りがちな村上の謙虚さに乗じて村上叩きを続けたい人々に向けては、いまこのように言っておこう。その批判が単なる羨望にもとづく否認なのか、真に創造的な分析をはらむものなのか、いずれにせよ「批判こそが最も正確な自己開示である」という精神分析的視点から観察をさせていただきますよ、と。

「スーパーフラット」とは何か

二〇一〇年一二月二一日、僕は村上隆と新宿の朝日カルチャーセンターでトークイベントを行った。さきほどの「ｏｚ」の件も含めて、多くの質問をさせてもらったが、その中で一つ意外だったのは、村上の中ですら「スーパーフラット」という言葉は、単に海外に売り込むための戦略的キーワードに過ぎない、という位置づけになってしまっていたことだ。

思えばこの種のキーワードを、ゼロ年代を通じて村上は連発していた。いわく「幼稚力」、いわく「poku（pop + otaku）」など。しかしいずれも「スーパーフラット」ほどの訴求力は持ち得なかったように思う。それほどあの言葉は画期的だったのだ。

スーパーフラットという言葉は日本独特のアニメーションやキャラクター文化などのサブカルチャーを現代アートのコンセプトに移植する際に村上が用いたキーワードである。村上は自らの作品のみならず、類似の傾向を持つ作家や作品をこのコンセプトのもとに統合した。そして、一種のアートムーブメントとしてブランド化したうえで欧米に売り込み、大きな成功を収めたのである。

これらの作品は、文字通り平面的で遠近法などが使われないため奥行き感が乏しく、装飾的であったり遊技的であったりという特徴を持っている。これは大和絵や浮世絵をはじめとする日本の伝統絵画から、現代のマンガやアニメに至るまで、日本の視覚表現の特徴と言ってよい。またアニメキャラのフィギュアなどは二次元の三次元化ということで、スーパーフラットな表現に含められている。

カイカイキキに所属するアーティストである青島千穂、國方真秀未、タカノ綾、あるいは先ほどもふれた奈良美智、このほかにも漫画家の富沢ひとし（『エイリアン9』『ミルククローゼット』の作者）の作品などもここに含まれる。あるいは『新世紀エヴァンゲリオン』を監督した庵野秀明や、村上作品に影響を与えた金田伊功《かなだよしのり》、板野一郎といったアニメーター、伊藤若冲などの画家などの作品もスーパーフラットの原点であるという。

このコンセプトにはまた、日本という独特の空間においては、ハイカルチャーもサブカルチャーも横並びになってしまうという状況への批評もこめられていた。その中で東浩紀が指摘するように「美術と非美術の境界の彼方で、新しい『アート』の領域を再設定しよう」（「スーパーフラットで思弁する」『文学環境論集東浩紀コレクションL』講談社）という試みがなされたのである。

この論文で東は一九九九年の村上作品「どこまでも深く」をとりあげ、とりわけその「目」の表現に注目する。

「そこでもっとも印象的なのは、歪曲されたＤＯＢ君の表面を覆う無数の目のイメージ――ただし、決して写実的ではなく、デフォルメされ、アニメ化された無数の目の記号である」

「この絵に象徴されるように、村上の平面作品には、とりわけ歪曲されたDOB君のシリーズには、それを見るための『正しい視点』が欠けている。DOB君やキノコの直立でその本質は見えにくくなっているが、彼の平面作品は実は、斜めから見ても、反転して見ても、また一部だけ取り出して見ても構わないように作られている（中略）筆者は、ある新聞記事で自作の写真が上下反転して掲載されたのを知った村上が、即座にそのことを『ほとんど気にしない』と語ったのを記憶している。このような態度は、常識的に理解すれば、村上が美術家というよりむしろデザイナーとして作品に接していることを意味するし、彼自身そのような側面を意図的に強調している。しかしその根底に、平面に対する感覚の質的変化があることも見失ってはいけない」

本論で東は――現在の彼からは想像しにくいことだが――なんとラカン理論を援用して村上作品を解読しようとする。そう、『精神分析の四基本概念』におけるハンス・ホルバインの絵のくだりを引用しつつ、村上作品における「去勢の機能不全」を指摘するのだ。

詳しくはオリジナル論文を参照されたいが、簡単に言えばこういうことだ。近代人の社会化モデルは、幼児が去勢を経て語る存在、すなわち人間になるという過程であった。しかしポストモダン社会においては、成熟のための去勢装置がうまく機能しない。ホルバインの絵画「大使たち」に描き込まれた歪曲された頭蓋骨のトロンプ・ルイユが、ちょうど去勢のイメージとして解釈できるように、村上の「どこまでも深く」は、「去勢の機能不全」、すなわちポストモダンのイメージ化として読めるのではないか。とりわけその「目」において。

東は、視線を交わらせないその目について、見る側と見られる側との空間的連続性を脱臼させてしまう、いわば「幽霊」的な視線ではないか、とも指摘する。が、引用はここまでにとどめよう。

ラカンに依拠する精神科医として一点だけ付け加えておけば、去勢の機能不全はまずなによりも「精神病（統合失調症）」として表現されることになる。しかし村上の作品には――少なくとも僕には――そうした徴候はまったく認められない。精神病者、たとえばアウトサイダーの描く作品には、むしろ目が合いすぎてしまうような強烈な視線が描かれることが少なくないという事実も付け加えておこう。

僕の個人的基準では、表現のアウトサイダーとインサイダーを区分するひとつの基準が「想像的去勢の有無」である。この視点からみたとき、村上作品は見事にインサイダーのコンベンションをふまえた、つまり去勢を経た作品であり、またそれゆえに西欧のアート業界にも受容されたのである（僕が知る限り、イン／アウトの区分は、西欧のアートマーケットのほうがはるかに厳密である。両者は別々のマーケットで流通がなされている）。

さて、いささか前置きが長くなってしまった。

僕がなぜ「スーパーフラット」の概念を、ひょっとしたら村上本人以上に高く評価しているのか。この点の説明に移ろう。

ひとことで言えば、それは「キャラクター」をアートの中心に据えた、ということに尽きる。キャラクターの要素を導入した、のではない。キャラクターの存在を全面的に導入し、むしろそこを起点としてアートへと発展させた。それが村上の最大の功績ではなかったか。

平面的な表現と言うだけなら、東も指摘するように、美術史には「フラットベッドflatbed」という先例がある。

「現代美術用語事典」の解説には以下のようにある（http://www.artgene.net/dictionary/cat58/post_130.html）。

「一九五〇―六〇年代の絵画の『水平性』を指す概念。レオ・スタインバーグがその論文『他の批評基準（Other Criteria）』（一九七二）で提起した。flatbed とはもともと平台印刷機（版面と紙面を合わせ水平に置き圧着―印刷する）のこと。スタインバーグの考えは次のようなものだ。まず、ルネサンス以来西洋の絵画はたえず、頭を上、足を下に直立した人間の体勢に合わせて世界を表象するものとして、描かれ、また構想されてきた。つまり垂直性が絵画のひとつの条件だった。これに対しラウシェンバーグの絵画は、たとえ壁に掛けて展示してあっても、あらゆるものがその上に載せられるような、水平に置かれた作業台を暗示する。同じような構造は、デュビュッフェやウォーホルの作品にも認められ、これら『平台型絵画平面（flatbed picture plane）』は、水平の不透明な作業台＝文化として現われる絵画として、垂直の透明なスクリーン＝自然として現われる絵画にとってかわる。のちにロザリンド・クラウスによって展開される水平性／垂直性の議論は、このスタインバーグの考えの再評価／再発見を契機としている。（林卓行）」

この解説を読む限り、この運動の眼目は「平面性」よりは「水平性」にあったようだが、「スーパーフラット」との共通点も無視はできない。むしろ「スーパー」とあるように、単なる平面性を超えた「超平面性」とでも言うべき特質を見出さなければ、この概念の新しさは語れないのではないか。

そして僕の考えでは、この「超」部分を全面的に担うのが「キャラクター」の存在、ということになるのだ。

コンテクスト

なぜこれがアートにとって画期的であったのか。

まず「コンテクスト」という側面から考えてみよう。

一時期の村上は、しきりに「現代アートのコンテクストを理解せよ」と主張していた。この主張そのものは正しいのだが、そこで村上は現代アートを「ハイ・コンテクスト」であると述べていた。多様なコンテクストがぎゅっと凝縮されている、というほどの意味で使われていたようだが、厳密にはこの用法は正しくない。

ここで村上の言う「ハイ・コンテクスト」とは、簡単に言えば「内輪受け」状態を指している。この用語はもともと、アメリカの文化人類学者であるエドワード・T・ホールによる造語で、著書『文化を超えて』(TBSブリタニカ)で用いられている。ごく簡単に説明すれば、彼は日本文化と北米文化を比較したのだ(以下『文脈病』より)。

ホールによれば、北米社会は「ロー・コンテクスト」であり、日本社会は「ハイ・コンテクスト」、ということになる。「ハイ・コンテクスト」社会においては、文化的なコードが暗黙のうちに共有されている度合いが高いため、そのぶんやりとりされる「情報量」が節約できる。あ・うんの呼吸、というやつである。これに対して米国のような多民族国家では、共有されている文化的コードが少ないため、コミュニケーションにさいしては、明瞭にコード化された情報を大量に伝達しあわなければ、意思の疎通が図れないとされる。

ホールは、著書においては、やや「ハイ・コンテクスト」である日本社会を称揚しがちな傾向にある。少ない情報量のやりとりで意思疎通が図れることのメリットを彼は説く。しかし故伊丹十三のように、日本映画がダメなのは日本社会がハイ・コンテクストで内輪受けの作品ばかりつくるためだ、といった逆の応用もなされる。伊丹によれば、アメリカ社会はロー・コンテクストであるがゆえに、万人に理解可能な普遍的表現としてハリウッド文法を発達させてきた、ということになるからだ。

つまりこういうことだ。ハイ・コンテクストな文化とは、特に意識して学習しなくても触れているだけで何となく文脈をつかめるようになる文化。ロー・コンテクストな文化とは、意識的に学習しなければ文脈すらつかめない文化。

一般的にサブカルチャーはハイ・コンテクストだ。誰も学校で教わらずとも、マンガやアニメで使用される多種多様な「コード」は自然に理解している。つまり、多くの人がコンテクストを共有している。だからハイ・コンテクスト。

逆にハイアートはロー・コンテクストだ。アートの伝統は勉強しなければ身につかない。いきおいアートにおけるさまざまな「コード」が解読できる人は批評家やアーティストなど、ごく少数の人に限られる。つまりロー・コンテクスト。

別の言い方もできる。大衆的表現は、「コード」の意味が一義的に決定されやすい。マンガの一コマの意味が、読む人ごとにバラバラということはめったにないし、ありうるとすればそれはガロ系など、いわば純文学的マンガ作品に限られる。つまりサブカルチャーの特徴は、「コード」の共有が比較的容易である、という点にある。この点からもハイ・コンテクストといえる。

いっぽうハイアート作品は、むしろ解釈の多様性が本質である。確かに伝統に則した「読み方」はあるが、正解がひとつというわけではない。解釈の余地が大きいということは、「コード」の意味が共有されにくいことにつながり、やっぱりロー・コンテクストということになる。

〔【註】ホールはあくまでも情報量とコンテクストをセットで考え、「コンテクストは情報量を節約する」とした。しかし厳密に考えるなら、コンテクストは「情報量」と対立する。それゆえ「コンテクストの度合い（「ハイ」か「ロー」か）」は定量できない。ましてコミュニケーションにおけるコンテクストの度合いを単純に比較することなどは、本当は不可能だ。ここはあくまでも、印象に基づく比喩表現として理解されたい）

リキテンシュタインやウォーホール、あるいは村上隆の共通点は、ポップでハイ・コンテクストなサブカルチャーを、おのおの独自の手法でもとのコンテクストから引っこ抜き、見事にアートのコンテクストに移植した、という点だ。ただし、この三者の比較で言うなら、前の二人は結局アートを作ってしまったのだ。ただ一人、村上隆だけが、アート業界に堂々と侵入しつつ、そのど真ん中に「キャラ」というトロイの木馬を据え付けてしまったのである。

アメコミを拡大してドット絵で描くリキテンシュタインの試み、あるいはシルクスクリーンでキャンベルスープやマリリン・モンローの顔をプリントするウォーホールの試みは、元になるポップアイコンを分解消化してアートの中に吸収してしまう。その原因は「引用」の手続きにある。引用とは、そのアイコンが浸されていたコンテクストをそぎ落とし、洗い流してしまうことだ。かくしてポップアイコンは、引用によって破壊されてしまう。

しかし、「キャラ」はどうか。「キャラ」だけはどうしても、破壊することができない。なぜならキャラは常にコンテクストと一体であるからだ。それは、そこに置かれた瞬間にキャラとしての機能を発揮し、周囲の世界を己のコンテクストにひきよせる。それがキャラの磁場なのだ。

村上が達成したことは、この、ハイ・コンテクストのきわみともいうべきキャラを、いかに有機的にロー・コンテクストなアート空間に融合させるか、まずその試みではなかったか。そして村上はそれに成功したのだ。デザイン的な洗練と、キャラの可塑性を極限まで試すという実験性によって、キャラははじめてアート空間でも生息可能になった。

僕は三冊目の著書『戦闘美少女の精神分析』（太田出版）の装幀を村上に依頼したのだが、この表紙にあしらわれた作品「S.M.P.Ko2」の「変形途中バージョン」こそは、村上の最高傑作の一つであると考えている。

単に形態として複雑で面白いというのはもちろんだが、ここでは「キャラの臨界」が、言い換えるなら「キャラはどこまでキャラたり得るか」というテーマが極限まで追求されていると考えるからだ。

そう、村上は単にキャラを導入するばかりではない。彼はキャラを作品の中心に据え、多種多様な変形を加え続ける。その素材として最も酷使されたのは、代表的なキャラ「DOB君」だろう。多くの村上作品に登場しては、著しい変形をこうむり、それでも同一性を維持し続けている彼。

「《Melting DOB B》において、このキャラクターは大きさも形も異なる無数の目を生やし、トレードマークであるレタリングはもはや解読不可能であり、歪曲されている。続いて制作された《Melting DOB C》（一九九九年）や《Melting DOB D》（二〇〇一年）等のキャンバス作品では、この生物が突然変異し、不安定なモンスターとなる。それは、村上の手になる魅惑的な反・進化の氷山の一角を示しているに過ぎないのである」（マイケル・ダーリング「過去＋現在＝未来」『村上隆作品集　召喚するかドアを開けるか回復するか全滅するか』カイカイキキ）

そう、その作品の中で、もっとも過酷に「キャラの臨界」を試されたのは「DOB君」を措いて他にない。変形されるのみならず、彼は立体化され日本画化され、増殖させられ融合させられ、実に過酷な試練に晒されながらも、けっしてその同一性を手放さない。どれほど変形されようとも、僕たちがそこにDOB君を見てしまう不思議。これこそが〝キャラのコンテクスト〟がもたらす作用なのである。見方を変えるなら村上は、キャラの同一性がどれほどの変形に耐えうるかを、その限界をギリギリまで試みようとするかのようである。

ところで村上は立体作品も多く手がけており、必ずしも平面性にのみこだわっているようには見えない。にもかかわらず、彼が依然として「スーパーフラット」の立場を捨てずにいるのはなぜか。

答えは「そこにキャラがいるから」である。

村上はキャラを二次元的に描くことを目指しているわけではない。キャラを描き込むことで、そこがスーパーフラット空間になるのだ。言い換えるなら、スーパーフラットとは、キャラが支配する空間の別名なのである。この空間において試されることで、キャラのさまざまな本質があきらかになってくる。

たとえば、キャラはかなりの変形に耐えるということ。その同一性を担保するのは、しばしば「キャラの名前」であること。あるいはキャラは本質的に二次元的な性質を持つこと、など。

いずれにせよ、こうしたハイ・コンテクストな空間が、アートとして成立しているという事態そのものが希有なことなのである。それを可能ならしめたスーパーフラットという概念の画期性は、いくら強調してもしたりないほどだ。

キャラクター＝フォント戦略

グルーヴィジョンズ所属のタレント「チャッピー」もまた、スーパーフラットの仲間だ。ただし彼らは、単純な意味でのキャラではない。

「チャッピー」を「不気味だ」と言う人がいる。僕はその言葉を信じない。チャッピーに関してだけは、不気味さは微塵も感じられない。これを不気味と言う人は、おそらく「同じものの増殖は不気味である」といった、現代美術のドクサに捕らわれすぎている可能性がある。僕が「三十三間堂チャッピー」（図9）をみて思うことは、むしろ「増殖が不気味につながらない」ことの不思議さである。

伊藤弘は言う。「（チャッピーについては）僕はフォーマットとかプラットフォームっていう言い方の方があっていると思う。ピクトグラムと違って、チャッピーには記号化する前提となるものがなにもないわけです。チャッピーはキャラクターが持っているべきものがゴッソリ抜け落ちているんですよ」（伊藤

図9

Chappie『Welcoming Morning』（ニー・ミュージックアソシエイテッドレコーズ、1999年）

弘インタビュー「ホットワイアード・ジャパン」http://www.hotwired.co.jp/clickart/interview/990324/textonly.html)

ピクトグラムとは、交通標識に描かれたような人型の記号を指しているが、確かにチャッピーをそこまで抽象化して捉えることは難しい。チャッピーマニアはあり得るとしても、交通標識マニアはありにくい。しかし、それでは、チャッピーとは何者なのか? 伊藤が指摘する通り、それが記号化すべき前提を徹底して欠如したキャラクターであるならば、それは記号ですらないのだろうか?

それでは、チャッピーもまた、「キャラクター」という書き文字の一種として分類されるのだろうか。必ずしもそうとは言えない。第3章におけるキャラクターをめぐる記号論を参照すれば、チャッピーという存在が、いかに特異なものであるかがわかるはずだ。

まず、チャッピーそれ自体は、何も象徴していない。なるほど、確かに彼(女)の顔を見るとき、僕たちは瞬時に「グルビ」を思い出す。その意味で、彼(女)が「グルーヴィジョンズ」のシンボルと言って言えないことはない。しかし基本的には、彼(女)は「着せ替え人形」よりも、さらに無個性で匿名的な存在なのだ。着せ替え可能という点ではマネキンとの対比も可能だが、しかしマネキンには、たとえばある種のシンボリックな身体性が読みとれる。しかしチャッピーには「性格」はおろか、「身体性」すらもしばしば欠けている。なにしろ、性別すらも未分化な存在なのだから。

ミッキーマウスのようなキャラクターが、たとえば記号論的には単語の書き文字に相当すると考えられるなら、チャッピーは新種のフォントのようなものだ。グルーヴィジョンズが独自に開発したフォントの一種、それがチャッピーなのである。ここでグルーヴィジョンズがこだわってきた「ヘルベティカ」のことや、彼（女）らが、ポストスクリプト言語で開発されたことなどを思い起こそう。フォントもまた、書き文字同様、イコン、シンボル、インデックスのいずれでもありうると同時に、いずれとも定めがたい記号的エレメントにほかならない。ただし書き文字と異なるのは、フォントそれ自体は、その意味を一義的には定めがたいことである。

フォントそれ自体は、一種の統制的理念のようなものだ。どういうことか。フォントの特徴を、言葉や数式で完璧に記述することは難しい。だからこそ、他のフォントとの類似性や差異性で説明するほうが容易なのだ。最近流行の手書き文字のフォントを考えてみればわかるとおり、そこにはある種の統一性が確実に存在するが、その形式を決定づけるような、たとえば数学的法則が存在するわけではない。統一性をもたらすのは、デザイナーのセンスであり、もっと言えば、認知能力とそれを還元する能力の組み合わせである。その意味でフォントとは、匿名的なまでに形式として洗練された筆跡のようなものでもある。しかしひとたびフォントが決定づけられれば、それは際限のない創造的空間を拓くであろう。つまり、意味や象徴性に縛られることなく、むしろ新たな意味や象徴をもたらすための形式として機能することになるのだ。

チャッピーはフォントとして開発され、まさにフォントとしてグルーヴィジョンズの創造性に貢献してきたのではなかったか。ポストカード、ステッカー、コースター、文具、マネキン、予備校のポスター、椅子、パチンコ台、携帯電話のストラップ、雑誌グラビア、ジュース……といった、さまざまなメディア上に複製され、その都度無限のヴァリエーションをもたらし続けている。通常のフォントと異なる点は、CDデビューまでしてしまうところだろうが、これは人気のあるキャラクターとしてのご愛敬といったところか。

ここで先の問いに戻る。チャッピーの群像が、不気味感を醸し出さないのはなにゆえか。そう、その理由もまた、彼（女）たちがフォントとして開発されたであろうことを考えるならば、うなずける。あの群像を、ウォーホールのキャンベルスープにはじまる、複製と反復をモチーフとした作品の系譜上で理解すべきではない。それはいうなれば、フォントの見本集のようなものであり、アルファベットの羅列にほかならないのだ。

グルーヴィジョンズ作品における「チャッピー」の位置づけは、どうやらメディアということになるらしい。たしかに、あらゆる衣装と意匠とを身にまとい、二次元と三次元とを往還し、視覚と音響を接続しつつ、オタクとサブカル、あるいはデザインとアートを通底させるその存在は、限りなく透明で可塑的であるにもかかわらず、しっかりした固有の手応えを根底に据えている。

単なるキャラクター戦略では、ここまでの浸透はありえなかった。やはりグルーヴィジョンズが選択したキャラクター＝フォント戦略は、ポップな浸透圧を高めるうえで、見事な成功を収めたのである。

第７章　キャラの生成力

偽春菜問題

本章では、キャラという存在からさまざまな事象が立ち現れてくる様を検討してみたい。キャラは人間関係を媒介し、学習や消費活動を促進し、欲望のベクトルを決定づける。「はじめに」でふれた「タイガーマスク運動」にしても、「伊達直人」というキャラなしでは起こりえなかった。これに限らず、キャラは作品制作のみならず、さまざまな事件や現象において重要な役割を担うことがある。そのような事例をみていくことで、いわばキャラの唯物論的な機能を知ることが可能になるかもしれない。

小説におけるキャラクターについて検証してきたように、キャラは物語を生成する契機としてきわめて重要な位置づけを持っている。あるいはマンガにしてもお笑いにしても同様だ。キャラを設定することで、はじめて可能になる現象は数多い。

キャラクターの生成力と言えば、僕がよく思い出すのは、一〇年ほど前にネットを騒がせたある事件だ。一般には「偽春菜問題」として知られている。

正式名称としては「伺《うかが》か」と言うらしいが、ここは僕にとってなじみ深い「偽春菜」で通させてもらおう。

偽春菜というのは、二〇〇〇年末~二〇〇一年初頭にかけて一世を風靡したデスクトップアクセサリの名前だ（図10）。

「偽」というからには本家がいる。実はこのキャラは先行して開発・公開されていた「ペルソナウェア with 春菜」に似せて作られたものだ。本家の機能や開発の遅さに業を煮やしたプログラマが、自ら制作したのである。

図10

こんなキャラじゃないんだよ・・・・
どう考えても。
元々本家のやつパクって作った文章だからね・・・・
私のキャラ、ここだけ全然違う気がする。
この辺の文章堅すぎや。
ホンマやね。

http://www.geocities.jp/hajimetemondai/yenee/index.html

キャラの図像は似せられていたとはいえ、プログラム自体はまったくオリジナルであり、シェアウェア（有料販売）の本家よりもフリーソフトであった「偽春菜」を支持するものが続出した。実際、偽春菜にはＡＩや、相方マスコットの「うにゅう」と掛け合い漫才をやる機能など、本家にはない機能が搭載されていた。

このため偽春菜が本家からの公開停止要求の警告を受けると、偽春菜支持者からの批判が巻き起こり、いわゆる「祭り」状態となったものだ。騒ぎは公開質問状や署名運動にまで発展したが、改名や本家の終結宣言などでひとまずおさまった。

この事件は、二次創作キャラが本家以上の人気を集めてしまったという点で唯一ではないが特異なものであり、またキャラの著作権が争われたという点では、後述する初音ミクなどの問題を先取りしていたとも考えられる。

この事件で僕がもっとも興味深く感ずるのは、「偽春菜」のまさに「偽」である必然性についてである。わざわざオリジナルのプログラムを組んでおきながら、あえて別のキャラ名にしなかったのはなぜか。そうしていれば本家からのクレームも阻止できたはずだ。自ら好んで火中の栗を拾う理由がわからない。

しかし僕はこうも思う。おそらく「偽春菜」がまったく別名のキャラとして登場していたら、これほどの人気はありえなかっただろう。二次創作による派生キャラという位置づけが「祭り」をもたらしたのだとすれば、後述するように「キャラは複製されるごとにリアルになる」というテーゼを、ここにも読み取るべきなのかもしれない。

初音ミク現象?

本書を手に取る読者の中に「初音ミク」を知らないものは少ないだろう。これは簡単に言ってしまえば、人工的にボーカルを合成してくれるデジタル楽器の一種である。身体を持たないボーカロイド「初音ミク」は、二〇〇七年八月にクリプトン・フューチャー・メディアから発売されるや、このソフトを用いて作られた作品が動画サイトに多数投稿されるなどして爆発的な人気をあつめた。二〇〇八年には「彼女」の歌を収録したＣＤがオリコン週間チャートで四位にランクインし、ついには数万人の観客の前で歌とダンスの「ライブ」を披露するに至っている。

ヴァーチャルアイドルそのものには長い試行錯誤の歴史がある。「初音ミク」の成功は、３Ｄポリゴンで身体性を仮構しようとした伊達杏子やテライユキといったヴァーチャルアイドルのかつての失敗、あるいは人工的にエフェクト処理した歌声で人気を集めたアイドルグループ「Perfume」の成功などと相まって、現代的な「身体性」の位相をあきらかにしてくれる。

「初音ミク」作品のほとんどは、引用のレイヤーを数多く重ねることで作られる。その作品はニコニコ動画で公開され、画面には無数のコメントが重ね書きされる。ニコニコ動画では、動画の再生タイムラインに沿って視聴者のコメントが保存・再現されるため、あたかも同じ時間を共有しているかのような「疑似同期」の「錯覚」が生まれる（濱野智史『アーキテクチャの生態系』ＮＴＴ出版）。つまり画面に重畳する無数のコメント・レイヤーも含めて作品の一部と言いうるのだ。

さらに初音ミク現象で特異だったのは、楽曲の制作と並行するように、多くの派生キャラクターが生まれたことだ。二・五頭身のSDキャラ「はちゅねミク」、「亜北《あきた》ネル」「弱音ハク」などが有名である。ネギを持って登場した「はちゅねミク」の影響で、オリジナルの「初音ミク」の公式アイテムにネギが採用されるといったフィードバックも興味深い。また「護法少女ソワカちゃん」のように、叙事詩的な楽曲の連作につながったケースもある。

この初音ミク人気を盛り上げたニコニコ動画の親会社ドワンゴが、人気曲のいくつかを着うた配信できるようにJASRAC登録を作者に持ちかけ、騒動になった事件はまだ記憶に新しい。登録のさい楽曲に「初音ミク」の名前が入っていたため、初音ミクを制作したクリプトン・フューチャー・メディアがこれに反発して騒ぎになったものだ。

この事件は著作権やキャラクター権に、ソフトの利用規約や権利代行会社の問題などが絡んで非常に錯綜した事態になった。最終的には、楽曲は作者のもの、初音ミクはクリプトンのもの、契約書はきちんと作成し、著作権の代行をどの会社に任せるかは作者が選ぶという形で騒動はおさまった。

この事件から、さまざまなことがあきらかになった。たとえば僕は、著作権としては「キャラクター権」がまだ存在しないという事実をはじめて知った。キャラクターの権利保護は、そのキャラクターが登場する原作（小説とか漫画、絵など）の著作権や、商標登録や意匠登録で保護されているのが現状である。

言いかえるなら、キャラクターから派生したキャラについては、こういう保護は及ばないし、擬人化キャラや「ゆるキャラ」のように「原作」のないキャラも保護されないことになるのだ。

魅力的な「キャラ」の存在は、強力に創造意欲をそそる。同人誌に限らず、音楽でもそうであることを初音ミクは教えてくれた。さらに言えば、それは必ずしも、二次創作ばかりとは限らない。キャラを媒介とした二次創作的な欲望のもとで、オリジナル曲が大量に生まれたという事実がある。「キャラ権」の整備を急ぐ前に、こうした創造性の場所をどう確保するか、これについても十分に考慮していくべきだろう。

ところで、本来ならキャラを用いた二次創作にも一章くらいは割いておくべきなのだが、この分野はとりわけ検討されるべき課題が山積しているため、一章どころではすまない可能性がある。ここでは半ば余談として、二次創作における「キャラクター」と「キャラ」の関係について簡単にふれておきたい。

たとえば「初音ミク」から「はちゅねミク」が派生する過程を「キャラクターのキャラ化」と考えることが可能だ。しかしここから、あらゆる二次創作を「キャラ化」

の手続きと考えるのは早計である。やおい研究家の金田淳子によれば、やおい系作品の二次創作はその逆の手続き、すなわち「キャラのキャラクター化」がなされることが多いのだという（私信）。

なるほど、たしかにやおい系の二次創作のネタになる作品には、最近であれば『銀《ぎん》魂《たま》』、『家庭教師ヒットマンREBORN！』、『ヘタリア』など、キャラクターよりはキャラを前面に出した作品が多い。彼女たちはこれらの作品をパロディ化するさいに、自分が作り出した固有の物語内にキャラを封じ込めることで、よりリアルに「キャラクター化」する。つまりこれが、腐女子たちによる所有の形なのだろう。

「キャラクター」と「キャラ」の区分が持つ理論的射程を示す格好の例だったので紹介した。少なくともこうした区分が、フィクションをまなざす視線の精度を上げることは間違いないようだ。

せんとくん騒動の本質

平城遷都一三〇〇年祭の公式マスコットキャラクターとして、鹿の角が生えた童子が現れたのは二〇〇八年二月一二日のことだった。東京芸術大学大学院教授であり彫刻家の籔内《やぶうち》佐斗司《さとし》がデザインを担当したキャラクターは、一般公募の結果「せんとくん」と命名され、公開された。

公開当初、「せんとくん」の評判はさんざんだった。「気持ち悪い」「角を生やすなど仏さまを侮辱している」といった批判が殺到し、市民運動にまで発展した。あるいは独自に「まんとくん」などのキャラ案が提出されたこともあった。

たしかにせんとくんのデザインは、通常の意味でのキャラ作りの文法からは大きく逸脱している。最大の問題点は〝生々しい身体性〟を持ちすぎていることだ。ここまでの記述からもわかるとおり、キャラは基本的に二次元的な存在でなければならない。藪内は彫刻が専門であったためか、立体感がありすぎるのが生々しさにつながったのだろう。

第二に表情が豊かすぎるという問題がある。日本でウケるキャラクターは、サンリオキャラがそうであるように、ほぼ例外なく無表情だ。すでに述べたとおりディズニーのキャラクターはアメリカ産で人間の隠喩としてつくられているので異様に表情は豊かだが、これは例外中の例外というべきだろう。

せんとくんは以上の文法をおよそ意に介さず、表情が豊かで人間臭いうえに、生々しい三次元的な存在感を持っていた。ところが公開から二年ほど経た最近になって、徐々にせんとくんの人気が高まりつつあるという。この過程にこそ、キャラクターがキャラ化していくさまが如実に表れていて興味深い。

キャラとして受容されるためには、最初から人気を博すのが難しい場合、〝ゆるキャラ〟のように一回転させて、ネタとして弄《いじ》りやすくしてから受容するというルートもある。せんとくんの登場も最初は「痛いネタ」だったわけだが、そのぶん「ネタ」としての人気は高かった。

つまりネタとして消費されるなかで「そういうキャラ」という抽象化がなされ、生々しさが薄れていくのだ。むしろネタとしての受容文脈の中で繰り返し見直してみると、案外いいかもしれないとすら感じられてくる。

せんとくん人気をまとめると、着ぐるみなどの立体化に向いたキャラであったことに加え、メディアがネタとして取り上げたことでメタ的な受容の文脈が生まれたこと（つまりキャラのさらなるキャラ化である）、このふたつの偶然がうまく作用して、今の「意外に可愛いかも」という人気にまで至ったと考えられる。

「せんとくん」騒動からは、キャラが人々に受容されていくさいの重要な法則を学ぶことができる。まず、キャラには物語は必ずしも必要ではないが、受容のための文脈が必要であるということ。とりわけそうした文脈（「せんとくん」で言えば、痛いキャラとして評判になったという経緯）は、のちに忘れられるためにこそ重要であるということ。そしてもう一つ、キャラの受容文脈を作り出すのは、ひたすら露出を繰り返しその同一性を認識してもらうことにつきる、ということである。

実際問題、いま「せんとくん」が可愛いかどうか、デザインがすぐれているかどうかを冷静に判断するのは難しい。僕たちは彼が登場してきた経緯を知っているし、そうした経緯込みで彼の存在に〝慣れて〟しまっている。この〝慣れ〟こそ、キャラを立てる上で最も重要な要素のひとつなのだ。

ネット上のキャラクターたち

いっぽうこちらは、必ずしも図像を伴ってはいない「キャラ」が起こした現象だ。現在流行中のミニブログ、ツイッターTwitter上の話である。

ツイッターではさまざまな人がタイムライン上でつぶやいているが、その中に人間ではない存在が紛れ込んでいることをご存じだろうか。そう、いわゆる「Ｂｏｔ」である。

一言でいえば、Ｂｏｔとはフェイクのキャラクターだ。著名人になりすまして呟き続けるＢｏｔもあれば、動物や無生物が呟いていたりする。人工無能のように一定の法則で呟きを生み出し続けるプログラムもあれば、対象者になりすまして人間が手動で書き込んでいるようなＢｏｔもある。

もちろんツイッターはテキストベースのメディアであるため、キャラクターの図像はせいぜいアイコンくらいにしかみあたらない。こうした空間でキャラを立てるのはことのほか難しそうだ。

しかし、Ｂｏｔは姿が見えないがために有利な面も持っている。ツイッターのタイムライン上にはさまざまな呟きが流れていく。その多くは実在する人間が書いたものだ。ここにＢｏｔから自動生成された、じっくり読めばいくぶん不自然な呟きが紛れ込んだとしても、さしたる違和感なしに読まれてしまう。これは実写にＣＧを合成すると、ＣＧ単体以上にリアルに見えるという「リアリティ補完原則」と同じ原理が働いているはずだ。

それでは人はなぜＢｏｔになりすまそうと考えるのか。

単純に他人になってみたいというよりは、恐らく〝Ｂｏｔであると認知されたい〟ということを含めての願望があるだろう。本当に高田純次やタモリがツイートしていると思わせたいのではなく、〝高田純次やタモリのＢｏｔをやっている自分〟になりたいのだ。

人間の一番基本的な欲望として、〝自分の欲望を人に認められたい〟というものがある。タモリのファンであるとして、その欲望をツイッター上で流すことによってフォロワー数が増えたとする。それは単なるタモリ人気かもしれないが、同時に自分の欲望に対する人気でもあるのだ。

しかし、そうした基本的な欲望に加えて、さらなる「キャラ化」への欲望というものも存在する。

たとえば有名なＢｏｔの一つに、本人よりも本人らしいと評される「松岡修造Ｂｏｔ」がある。本人自身がキャラが立っている上に名言の泉であり、サンプリングしただけで突拍子もない言葉が出来上がったりするため、予測不可能な面白さがあるのだという。これに限らず、ある種のキャラは、その独特の言語感覚だけで「キャラ立ち」が生じてしまうということ。

最近の事例では「エルシャダイ」というゲームが有名だ。正式にはイグニッション・エンターテイメント・リミテッドから二〇一一年春に発売予定の「El Shaddai―エルシャダイ―ASCENSION OF THE METATRON」（プレイステーション３／Xbox360用アクションゲーム）。このゲームの公式トレーラーが公開されるや、あっという間に人気を集め、膨大な数のパロディ動画がアップされるという事態になった。ゲーム発売前にオンリーイベントが開催されるなど尋常なことではない。ウケた理由は複数あるが、一つはその特異な言語感覚だ。

とりわけ「そんな装備で大丈夫か？」「大丈夫だ、問題ない」というやりとりは、あっという間にゲームファンの間で定番のネタになった。もちろん「エルシャダイｂｏｔ」が存在することは言うまでもない。

言語感覚で思い出すのは、ちょっと古い話題だが、「2ちゃんねる」のゲーム板に常駐していた「ブロントさん」という伝説的なキャラである。その発言はあまりにも特徴的で、引用できる範囲だけでも名言が一〇〇個くらいある（もちろんまとめサイトや名言ランキングもある）。具体的にはこんな感じだ。

「おれの怒りが有頂天になった」「これで勝つる！」「確定的に明らか」「このままでは俺の寿命がストレスでマッハなんだが……」「どちかというと大反対」「ほう、経験が生きたな」「マジでかなぐり捨てンぞ？」「想像を絶する悲しみがブロントを襲った」……。

中学生が必死で背伸びしている感じに近いが、具体的にどこがどう可笑しいのかと問われても、「エルシャダイ」と同様、全体のコンテクストをふまえていないと説明が難しい。はっきり言えることは、発言だけでこれほど「キャラが立つ」ケースは珍しい、ということだ。

しかも彼はさまざまなシチュエーションで発言しているので、けっこうこみいった状況もブロント語のつぎはぎで表現できてしまう。そういう傾向はツイッター以前からオタクを中心にみられたが、ツイッターはさらにそれを加速したとも言える。

そもそもツイッターというメディア自体が人をキャラ化する作用を持っている。この空間でキャラは人に近づき、人はキャラに近づき、ある意味中間に引き寄せられる作用があるとも考えられる。

興味深いのは、海外のＢｏｔとの比較だ。キリストのＢｏｔなどが有名だが、人力の上にかなり凝ったもので、気軽なネタとは言えない。

日本のＢｏｔはあらゆるものをキャラ化し、あるいは擬人化してしまうような機能を持っている。この点からも日本における擬人化というのはかなり特異な文化と言えるのではないか。

擬人化の問題

オタク界隈では「擬人化キャラ」や「萌え擬人化」などが盛んになされている。とりわけ有名なのは「びんちょうタン」だろう（図11―右）。文字通り「備長炭」の擬人化キャラだ。二〇〇三年にアルケミストのサイトに「あぶっちゃうヨ！　びんちょうタン」が掲載されて人気を博し、アニメ作品も作られている。

図11

右：びんちょうタン
（http：//www.tbs.co.jp/bincho/03chara/chara.html）
左：擬人化されたピカチュウ
（http：//minkara.carview.co.jp/userid/355587/blog/14346980/）

擬人化そのものは、神話や伝説、寓話などを含めて考えるなら、人類の歴史そのものと同じくらい古い手法とも言える。それでは漠然としすぎた話になるので、ここでは「萌え擬人化」に限ってとりあげたい。

およそ、ありとあらゆるものがその対象になる。ビスケたんのような食べ物系、OSたんやトラックバックたんのようなPC系、あと鉄道とか元素とか、理系、技術系のものが多い。最近では人工衛星が人気のようでもある。

擬人化キャラを見ていると、いかに「萌え」が「キャラ」と深い関係にあるかがよくわかる。あるいは通常の擬人化と萌え擬人化がどんなに違うのか、ということも。なにしろピカチュウやアンパンマンの萌え擬人化といったものまである（図11―左）。これは要するに「擬人化の擬人化」、つまり擬人化の自乗ということだ。

この手続きは、一つの萌えキャラに対して、重層的な萌えレイヤーをつぎつぎと発見していく感じに近い。「ナウシカ」に素で萌えるのは厳しくても、「ナウシカたん」のようにキャラ化（＝幼若化）すればあるいは……ということだ。

　おそらくキャラ化と擬人化は、方向性がかなり異なる。擬人化のもとにあるのは対象への感情移入だが、キャラ化は対象から感情を受け取らされる、という違いがある。

　いずれも物語化、虚構化への欲望が基本にあるが、擬人化の場合は、どちらかといえば擬人化する側が物語の主人公だ。しかしキャラ化は、常にキャラのほうが主人公で、こっちはそれに勝手に萌えている傍観者ということになる。そうだとすれば「萌え」の感覚は、実は「欲望の主体から降りる」という感覚に近いのかもしれない。

　そもそもこうした萌え擬人化とは、無害な見立て遊びにすぎなかった。しかし最近、必ずしもそうとは限らないことを認識させてくれる「事件」があったので、ここに記しておこう。「日本鬼子《ひのもとおにこ》」がそれである（図12）。これは中国語のスラングで日本人に対する侮蔑語である「日本鬼子《リーベングイズ》」を萌え擬人化したものである。

図12

http://www16.atwiki.jp/hinomotooniko?cmd=upload&act=open&pageid=19&file= 3 -171.jpg

二〇一〇年の尖閣諸島中国漁船衝突事件を受け、中国で反日デモが発生し、その報道からこの言葉が広く知られるようになった。これを受けて「2ちゃんねる」上でこの言葉に全く別の意味を「上書き」してしまおうという企画が持ち上がり、「萌え擬人化」が一気に進められたのである。

掲示板での投票により、おおよその目安となる公式デザイン（正確には代表デザイン）が決められた。モチーフは、日本の昔話に登場する「鬼」で、「色白で、長い黒髪」「二本の角が生えている」「外観の年齢は、16〜18歳」「般若の面、薙刀を持つ」「穏やかな性格だが、二段階の変身が可能で、性格や外観が怖くなる」「好物は、わんこそば。苦手な物は、炒った豆」などの特徴を持つとされる。

これ以降、一部プロの漫画家なども参入して膨大な数の「日本鬼子」キャラが描かれ、掲示板に投稿された。この動きに対する中国側の反応が一部紹介されていたので引用する（「日中文化交流」と書いてオタ活動と読む」http://blog.livedoor.jp/kashikou/archives/51593329.html）。

「こう来るとは全く思いもしなかった。あの国はやはりよく分からん……」

「こんな手を打ってくるとは。あの国はまずオタクから何とかした方がいいんじゃないか？」

「こっちは罵声を送っていたはずなのに返ってきたのは萌えキャラ……なんかもう、無力感に苛まされる……」

「やべぇ……日本はやっぱりやべぇ国だよ。ちょっと負けを認めるべきなのかもしれない。あ、基本は黒髪ロングでお願いします」

「何かこういうの見てると、こっちの罵倒が通じているのかとても不安になる。小日本とか言っても、あいつら日本は小さいって普通に認めてるしよ……」

「パロディで返すってのはうまいやり方だし、それを実際にやれるってのはスゴイね」

「みんな待つんだ！　安易に萌えるんじゃない！　今の流行からして、実は男の娘だという罠がしこまれているかもしれないんだぞ‼」

「日本鬼子」の誕生プロセスは、命名から属性が発生するという意味で西尾維新のキャラ造形を連想させる。いや、むしろこう言うべきかもしれない。「名前」の換喩的な擬人化こそが、キャラ造形の基本プロセスである、と。

名前の同一性さえ保持されていれば、多少の属性の違いは問題にならないという点からは、キャラ的同一性における「名前」の重要さを確認できる。萌えキャラが反日感情を脱臼させていくさまは、われわれに九条以外にも平和交渉の有力な手段があるという可能性を示唆してくれる。

もっとも、擬人化キャラとしての「日本鬼子」は政治利用が禁止されている。この「事件」については、ちょっとにやりとする程度のエピソードにとどめておくべきかもしれない。「萌えを日中友好の架け橋に!!」的な勇み足は、さしあたり失笑を買うだけだろう。しかし、それはそれとしても、政治という「現実」にキャラが絡んだエピソードとしては、近年まれにみる爽やかな事件であったことは確かだ。

キャラクター消費の次元――AKB48

本書で扱う「キャラ」のほとんどは虚構内存在としてのキャラだが、ほぼ唯一の例外として、アイドルグループのAKB48についても、ここでふれておきたい。デビュー当時とは打って変わって、いまやヒットチャートの常連と化した彼女たちだが、その人気の最大の要因は「キャラ消費」ということに尽きると考えられるからだ。

アイドルの人気をその記述的要素、たとえば顔の美醜をはじめとする身体的スペック、あるいは歌唱力や演技力を含む各種のスキル、あるいは「世界観」の設定などに求めてもあまり意味はない。それらは入り口においては重要かもしれないが、人気の維持において最も重要なのは、アイドルの「キャラ」なのだから。

ＡＫＢ人気の構造分析を試みるなら、とりあえずはこうしたキャラ消費の様相を理解しなければ先に進めない。もちろん各メンバーに固定的なキャラが割り振られているわけではないが、大島優子がおっさんキャラで高橋みなみがすべりキャラで、坂野友美がギャルキャラで、という具合に差異化がなされているのは周知の通り。逆にキャラに注目するなら、ＡＫＢのあの〝人数〟や、〝成長過程を見せる〟という戦略がいかに重要であるかがよくわかる。

ＡＫＢには「チームＡ」「チームＢ」といったサブグループがあり、それがキャラ分化を容易にしている。キャラ化において重要なのは関係性であり、下位分類を含む四〇人程度の集団は、キャラの多様性を一気に把握するうえで、ちょうどいいサイズということになる。

スクールカーストの箇所で述べたように、キャラの分化を強力に促進するもう一つの要因として、「序列化」がある。あの批判も多かった「ＡＫＢ総選挙」には、そうした重要な意義があった。二〇一〇年六月に行われた「総選挙」は、ファンによる人気投票でＡＫＢメンバーの序列を決定づける重要な行事であった。

選抜メンバー中上位一二名は「メディア選抜」としてテレビ番組や雑誌などのプロモーションに出演することが可能になる。また上位二一名は「選抜メンバー」としてシングル曲を歌う権利を獲得する。二二位以下は、その名も「アンダーガールズ」と呼ばれる下位集団に所属させられることになる。

こうした人気投票を残酷と評する意見もあるようだが、僕にはむしろ透明でフェアな序列化の手続きとも思われるため、一概に否定するつもりはない。重要なのは、こうした序列化の手続きによって、キャラを決定づけるためのレイヤーはいっそう複雑化し、これとともにメンバーのキャラ分化もいっそう細やかなものへと進化するということだ。

以上を整理するとこういうことになる。ＡＫＢは、集団力動にサブグループや序列化という構造的力動を加味することで、各メンバーのキャラを固定化し認識しやすいシステムを作りあげた。ファンは、彼女たちのキャラを消費したいという欲望によって動機付けられ、さらに自らの欲望が序列化を介して直接「推しメン」(自分が支持しているメンバー)のキャラ形成に関わりうるという事実によって、いっそう強く動機付けられていく。つまりそこには、理想的な意味での「キャラ消費」の循環システムが成立しつつあるのだ。

ところで、アイドルの人気を僕のように「キャラ消費」としてとらえることに違和感を覚える人もいるだろう。しかしアイドル人気がもともと〝手が届きそうで届かない存在〟への仮想的な欲望によって支えられていたことを考えるなら、そこには一般的な歌手や女優への憧れ以上に、「ファンを演じている」という自意識がはぐくまれやすくなる。

アイドル歌手のコンサートなどで、要所要所に「〇〇ちゃーん」などと野太い声援が入るようになったのは七〇年代後半あたりからだが、この時期がオタクの黎明期と重なり合うのは偶然ではない。「ファンというキャラを演ずる自意識」の誕生は「萌え」の発生を準備し、キャラ的な自意識のもとで、アイドルのキャラ化もいっそう強化されたと考えられるからだ。

ＡＫＢの人気がかつてのアイドル人気と決定的に異なるのは、やはり「総選挙」というシステムの導入によるところが大きい。「握手会」や「総選挙」といった、キャラとの〝直接〟のふれあい、あるいはキャラの養成に〝直接〟関わりうるという「幻想」が重要になってくる。

彼らはそれが幻想であることを知っている。しかし、あるいはそれゆえにこそ、彼らはますます「想像の共同体」に依存することになる。おそらくこの方式は、キャラ消費の最先端ともいうべき形式であるとともに、若い世代をキャラ文化が覆い尽くした現在において、もっとも有効に機能し得たのだろう。

第8章　〝キャラ萌え〟の審級

——キャラクターとセクシュアリティ

「萌え」の定義をめぐって

すでに本書ではいたるところで「キャラ萌え」という表現が使われているが、不案内な方にはいまひとつピンとこなかったかもしれない。遅まきながら本章では「萌え」を定義するところからはじめよう。

しかし、この発端にこそ大きな躓きの石がある。萌えを定義づけることは、きわめつけに難しい作業なのである。

僕も「作家」として参加した、二〇〇四年のヴェネツィア・ビエンナーレ建築展では、秋葉原のオタク化を指摘した『趣都の誕生』（幻冬舎）で知られる建築学者、森川嘉一郎がコミッショナーを務めた。もちろん日本館のテーマは「OTAKU」である。その日本館の入り口付近には「侘び・寂び・萌え」と草書体で書かれた看板が立てかけられていた。いまや、この三語こそが日本人の心だ、という森川の高らかなマニフェストである。彼のキャラクターからして、ここには冗談に紛らわせた本気を読み取るべきであったろう。

ただし、侘《わ》びや寂《さ》びがそうであるように、萌えもまた定義が難しい。もちろん辞書的定義などが存在するわけではないので、とりあえずウィキペディアを参照してみよう。その冒頭には以下のような解説が記されている。

「『萌え』の現代的語義・用法を、意味論・語用論を踏まえながら解説すると、『萌え』は様々な対象に対して向けられる好意的な感情を表すと同時に、それらを総称する用語であると言える。

代表的な『対象』アニメ・漫画・ゲームといったフィクションなどに登場する架空のキャラクターの性格、特徴など（詳細は萌え属性を参照）

代表的な『感情』保護欲や庇護欲を伴った疑似恋愛的な好意や愛着、もしくは純粋な好意や愛着、フェティシズムや萌え属性に関わる嗜好や傾倒など」

こうした解説にはいくらでも異論があり得るが、大体の「感じ」はこれで把握できる。本章では、あえて強引に割り切った「定義」を最初に記しておく。すなわち、本書における「萌え」とは、「虚構のキャラクターによって喚起される疑似恋愛的感情」とする。ただしアイドル萌えのように、その対象に実体がある場合はどうなのか、という疑問もあろう。むろんそうした場合は、僕たちはそのアイドルをいったんキャラ化することで、萌え対象に加工するという手順を踏んでいるのだ。

なお「萌え」の語源については、いまだ諸説あって十分な合意を得ていない。そうしたことを踏まえて、代表的な説を二つ紹介しておく。

(1)NHK教育のテレビ番組『天才てれびくん』の番組内で放映されたSFアニメ作品『恐竜惑星』(一九九三年四月より放映)のヒロイン「萌」が起源(岡田斗司夫説)。
(2)マンガ・アニメ『美少女戦士セーラームーン』のキャラクター「土萠《ともえ》ほたる」(一九九三年後半より登場とされる)が起源(拙著『戦闘美少女の精神分析』で紹介)。

いずれにも反論があり、またこれらの作品以前から「萌え」という言葉が存在したという有力な説もあるため、真相は不明である。ただし、起源は一九九〇年代初頭という点で大方の一致をみているようだ。

あえてこれらの説を紹介したのは、いずれの説においても萌えの対象はアニメのキャラクターであったことを確認しておくためである。虚構の女性キャラクターにはさまざまなスタイルが存在するが、アニメキャラという、もっとも実在性に乏しく、言い換えるなら「虚構性」の高いキャラクターが対象に選ばれたことが、ここでは重要な意味を持つ。

萌えはフェティシズムか

ここまでの記述に疑問を持たれた方もいるかもしれない。ならば「おたく」と「マニア」は違うものなのか。あるいは「萌え」と「フェティシズム」は同じことではないのか。

おわかりの通り、「主体―欲望の形式」の組み合わせになっているという意味で、「おたく―萌え」と「マニア―フェティシズム」とは平行関係にある。ただしもちろん、精神分析の立場に立つならば、両者の間に構造的・本質的な区分を設けることは難しい。

しかし、経験論的な記述の水準では、両者の間にかなりはっきりした境界線を引くことは不可能ではない。つまり、そこに象徴的差異は存在しないが、想像的差異は存在する、というわけである。

ここで、「おたく―萌え」の対象物と、「マニア―フェティシズム」の対象物を具体的に列挙しておこう。

・「おたく―萌え」的対象：アニメ、TVゲーム（ギャルゲー中心）、ライトノベル、声優アイドル、特撮、C級アイドル、同人誌、やおい……。

・「マニア―フェティシズム」的対象：切手（収集）、書籍（ビブリオマニア）、オーディオ、カメラ、天体観測、バードウォッチング、昆虫採集、ロック、ジャズ、その他収集関係全般……。

もちろんこのようにはっきりと区分できない領域も存在する。たとえば「漫画」や「鉄道」は、おたく的視点からも、マニア的視点からも愛好されうる。しかし、そうした煩瑣な議論は、今は措こう。

あらためてはっきり見えてくるのは、おたくにおける強い「虚構志向」と、これとは対照的なマニアの強い「実体志向」である。

マニアにおいては、愛好の対象が切手であれ本であれ、「オリジナル」や「現物」が圧倒的に尊重される。切手の画像だけを収集して喜ぶ切手マニアはいないし、昆虫のフィギュアだけを集めても、昆虫マニアからは相手にされない。この点はそっくりそのまま、フェティシズムにも該当する。フェティシズムにおいても、愛着の対象の実在性は不可欠であるからだ。

これに対して、「おたく」の「萌え」については、そうした意味での「実体志向」は乏しい。さらに言えば、「萌え」の成立には、必ずなんらかの「キャラクター性」が必須となる。「キャラ萌え」という言葉に象徴されるように、何かに「萌える」ためには、その対象を一度「キャラクター化」する手続きが不可欠になるのだ。これは言い換えるなら、現実の人間であろうと非人間的な無機物であろうと、いったん「キャラ化」されてしまえば、萌えの対象となりうる、という意味でもある。これはすでに第7章で擬人化の問題としてくわしく述べた。

さらにつけ加えるならば、「萌え」は視覚的で全体を志向し、「フェチ」は視覚以外の感覚に大幅に依存しつつ「部分」を志向する、とも言える。

具体的には「メガネ萌え」のおたくが、必ずしもメガネの実物に関心があるわけではなく、あくまでもメガネキャラの画像を愛好する、という点がまず挙げられる。つまり、ここではキャラという全体性と、その画像という視覚的要素が不可欠なのである。これに対して、たとえば「靴フェチ」は、靴の写真などでは決して満足することはなく、あくまでその「現物」の所有にこだわるであろう。しかし必ずしも、彼らは靴の所有者としての「人格」を必要としてはいない。もちろん、それぞれの根源には、虚構志向と実体志向の差異があることは言うまでもない。

リアリティとコミュニケーション

それではなぜ、「萌え」などという、虚構志向の言葉が要請されたのだろうか。

大きくみれば、そこには一九九〇年代から二〇〇〇年代にかけて起こった、「リアル」の変容があると考えられる。

いまやリアルを担保するものは、ナマの「現実」などではない。すでにさまざまな論者が、「現実」そのものよりも「リアル」のほうをより多く論じつつあるように。たとえば大塚英志による「まんが・アニメ的リアリズム」という言葉がなぜ要請されたかについては、第5章で述べた。実は私も、大塚とほぼ同時期に、同様の指摘を著書で行っている。虚構内限定のヒロインである「戦闘美少女」のリアリズムは、そうした視点抜きには説明できない。あるいは後述する東浩紀による「データベース理論」や「ゲーム的リアリズム」も同様の概念である。

いずれもそうした状況を反映した、一次的には「現実」を担保としない特異なリアルの形式を指す言葉である。それは言い換えるなら、あたかも虚構内部でのみ自律しているかのようなリアル、ということになる。

これに類似した言葉に「真実らしさ verisimilitude」という言葉がある。主として文芸批評の領域で使われる言葉で、詩や小説が現実を模倣する度合いではなく、内容と形式の組み合わせによって獲得する、虚構としてのリアリティを意味する。

「まんが・アニメ的リアリズム」の上位概念とも考えられるが、決定的な違いがある。「真実らしさ」がもっぱら小説の形式や作品と読者との関係をその都度問題にするための概念であるのに対し、「まんが・アニメ的リアリズム」の基盤にあるのは、個々の読者というよりは読者共同体内部のコミュニケーションだ。たとえば「おたく」という共同体の内部で交わされてきたコミュニケーションの集積と伝統が、「戦闘美少女」のリアリティを支えているように。もちろん「キャラ萌え」の作法においても、こうしたコミュニケーションの基盤が重要である。

以上の論点から導かれるのは、いまや「リアル」を構成するメカニズムとは、「なにがリアルか」を確認させてくれるような、再帰的コミュニケーションにほかならない、ということである。虚構内部で「リアル」が自律するためには、まずなによりも、その虚構空間や、キャラに関するコミュニケーションが先行していなければならない。もちろんこれは、「おたく」限定の話ではない。すでに第1章で、若者のコミュニケーションの多くが、キャラの再確認のためになされていることを指摘した。「キャラ」は、きわめて効率的なコミュニケーション・ツールでもある。互いのキャラの認知は、そのまま「関係性」の認知にほかならない。キャラとはあらかじめ「関係性」が畳み込まれた記号であり、それゆえ「キャラのリアル」はコミュニケーションを介して、不断に再帰的な強化をこうむるだろう。

キャラクター化の磁場

ここでもう一度確認しておこう。「萌え」とは、虚構のキャラクターへと向けられた感情である。ただし、どんな対象であっても、キャラ化（≠虚構化）の手続きを経れば、「萌え」の対象になりうる。ときには人間ですら「擬人化」されることでキャラに変換される。歴史上の人物に萌えたり、ただの「風景」に萌えたりできるのも、そこにキャラ化という特異な換喩生成の磁場が成り立つからである。

さらに重要なことは、それが個人的感慨にとどまる限り、「萌え」は成立しにくい、ということである。僕はかつて、次のように書いた。「彼らは、みずからのセクシュアリティすら、芸風と化してしまう。『そのキャラクターを好きな自分』そのものを戯画的に対象化してみせる言葉が『～萌え』だ」（『戦闘美少女の精神分析』）と。そう、「萌え」とは、対象のキャラクター化によって成立するのみではない。それは萌え主体をもキャラクター化の磁場に引き寄せてしまう言葉なのである。

「～萌え」という自称は、自らの嗜好に対する揶揄や嘲笑を、キャラクター化によって先取り的に笑いのめす（「シャレ」や「ネタ」にする）ことで、セクシュアリティによる傷付きを防衛しようという身ぶりではないだろうか。つまり「萌え」という言葉には、共感と同程度に防衛のためのコミュニケーションによって強化される、という出自があるのではないか。「萌え」に依拠するコミュニケーションは、自分がそのキャラを愛すべき理由の再確認であると同時に、自分とキャラの関係性、あるいは自らのキャラそのものを確認するという意味でも、再帰的コミュニケーションの連鎖にほかならないのだ。

萌えと「ロリコン」

ここで「萌え」本来の話に戻すなら、おたく文化における「ロリコン」の受容においても、興味深い事情がかいま見える。

ロリコンという言葉は、一九七〇年代後半から八〇年代前半にかけて、急速な広がりをみせた。ロリコン文化の黎明期において必ず語られるのが、漫画家・吾妻ひでおの存在である。吾妻は少年向けの人気作品を量産しつつ、SF的素養を背景に美少女キャラクターを描いて、おたくからも絶大な人気を誇った。吾妻とそのアシスタントらは、一九七九年のコミックマーケット（わが国で最大規模の漫画同人誌即売会）でロリコン同人誌『シベール』を販売する。これが日本におけるロリコンブームの端緒とみなされる「事件」であった。

た。その内容は簡単に言えば、美少女キャラクターを素材としたポルノグラフィーだった。『シベール』以降、八〇年代初頭のコミックマーケットでは数多くのロリコン同人誌が販売され、やがて商業誌も追随してロリコンはブームとなった。

ただしササキバラ・ゴウによれば、「このような表現自体が、当時はお遊び感覚やパロディ感覚の入り混じった空気の中で行われていた」とされる（『〈美少女〉の現代史』講談社現代新書）。つまり、ロリコンポルノのブームは、青少年の性的嗜好の変化に先導されて起きたものではなく、パロディやユーモアといったメタ的な身ぶりにおいて見出され、それに性的嗜好の変化が追随したとみるほうが事実に近い、ということになる。この点については、宮台真司も「諧謔スタンス」という言葉を用いて、同様の解釈を行っている（『増補　サブカルチャー神話解体』ちくま文庫）。

もちろん当時は「萌え」という言葉は存在しない。しかしロリコンブームを牽引した基本的な感情こそ、「萌え」でなくて何だろうか。それがパロディやユーモアといった「諧謔スタンス」において生み出されたとすれば、それは「萌え」そのものがまったく共同体におけるコミュニケーションに出自を持つことの有力な裏付けとなるだろう。この経緯は自明のようで、精神分析的にはきわめて重要な意味を持つ。なぜならそれは、欲望にコミュニケーションが先行するという事態の、もっとも大規模かつ先鋭的な事例たりうるからだ。

　さらに言えば、「萌え」という言葉の爆発的な拡散は、ちょうど「キャラ」ブームと並行して起こったように思われる。先にも述べた通り、「キャラ」という言葉は、一般的用法とおたく的用法とでは微妙に異なっている。しかし、たまたま言葉が一致したという一点をもって、「キャラ萌え」はおたく共同体以外にも強い浸透力を発揮し得た。浸透と拡散を言葉が牽引するということ。これもまた精神分析的に興味深い現象と言いうるだろう。それはともかく、「萌え」の受容は、おたくへの偏見を緩和する上でも、大きな意味を持ち得ていたように思われる。

　おそらく「萌え」という言葉の持つ可能性は、まだ十分に汲みつくされてはいない。それは「キャラ」の可能性と同様、今後も「虚構」と「現実」の相互浸透をいっそう加速させずにはおかないだろう。そう、たとえば「アキハバラ」がそうであったように。

「アキハバラ」の再帰性

　名著『趣都の誕生』の著者、森川嘉一郎には「少女は建築だ！」という「名言」がある。あれは二〇〇四年に開催されたヴェネチア・ビエンナーレ建築展の記者会見当日のことだった。日本館に展示される予定の、大嶋優木《おおしまゆうき》が制作したフィギュア「新横浜ありな」のラフスケッチを見て感動した森川によって、この素晴らしき言霊は発せられたのである。

ちなみに「新横浜ありな」とは、身長五五メートルの「おさんどん少女」という、途方もない設定のキャラクターである。そのフィギュアはビエンナーレ日本館における「御神体」として展示され、カタログの付録にもなった。

当時僕は、ビエンナーレのコミッショナーである森川に「作家」として招かれ、アーティストの開発好明《かいはつよしあき》や枡川浩平との共作で「おたくの個室」なる作品を出品したのだった。日本館のテーマは「おたく：人格＝空間＝都市」であり、展示空間はまさに『趣都の誕生』の内容を忠実に再現するようなものとなっていた。

おしくも受賞は逸したが、展示のコンセプトは高く評価され、さまざまなメディアの注目を集めた。なお本展は、第四四回日本ＳＦ大会において星雲賞【自由部門】を受賞している。また翌年二月には東京都写真美術館で日本館展示の帰国展が開催され、多くの観客が訪れた。

ビエンナーレのコミッショナーとして森川を指名したのは、『趣都の誕生』の内容に感銘を受けた建築家・磯崎新である。磯崎の炯眼ぶりは日本館の評価として明らかになったが、それはそのまま同書への評価と重なるだろう。

都市が個室化する。森川の主張を強引に一言で要約するなら、そういうことになるだろう。

〈未来〉の喪失

「趣味が、都市を変える力を持ち始めたのである。これは都市史において、前代未聞の現象である」と森川は書いている。秋葉原の変遷を論ずることが持つ重大な意味に気づいてしまった建築学者としての高揚感が、その主張にはかいま見える。

ここでビエンナーレ日本館のテーマが「おたく：人格＝空間＝都市」だったことを、もう一度思い出しておこう。

「なぜ幼い女の子を描いたアニメの絵が、ここにはこんなに多いの？」とは、秋葉原を訪れた欧米の学生たちが真っ先に発する質問であるという。その絵の大半が、実はポルノグラフィックな要素を含んでいること。審美眼と同時に「実用性」を測る価値基準としての「萌え」が、いつのまにか都市の風景を変えてしまったこと。

それ自体がひとつの論文のようだった日本館に、僕も制作を手伝った秋葉原市街のミニチュアが展示されていた。そこには森川の『趣都の誕生』における主張が、かなり忠実に再現されていた。

まず秋葉原の「形而下的な風景」、すなわち現実の市街のミニチュアが置かれる。次に展開するのは「形而上的な風景」の二パターンだ。ひとつは八〇年代までの、「電気街としての秋葉原」風景。ついで九〇年代以降の「オタクの街としての秋葉原」風景だ。

この風景の変遷には、いくつかの要因が絡んでいる。ひとつは、郊外型の量販店が各地に進出したため、もはや秋葉原が家電市場の中心となるような魅力と高揚感を失っていったこと。あるいは一九九七年以降、エヴァンゲリオン・バブルを契機に、「オタク趣味の構造」が自生的に建物の景観を塗り替えていったこと。森川はこの経緯を「ラジオ会館」のフロア構成がマンガやガレージキットの専門店で埋め尽くされていく過程を例にとって緻密に検証してみせる。あっさりとした記述ながら、その検証ぶりには森川のおたく的(強迫的?)な完全主義がいかんなく発揮されており、同書の読みどころの一つとなっている。

しかし、この変遷において最も本質的な鍵を握っているのは、「〈未来〉の喪失」である。

八〇年代以降の日本のマンガにあっては、『アキラ』や『機動警察パトレイバー』あるいは『新世紀エヴァンゲリオン』に至るまで、作品の舞台である「近未来」の東京は、あたかも高度成長期の都市計画を彷彿とさせるレトロフューチャーな都市として描かれていた。

ここで回避されているのは、現在の「喪失された都市・東京」にほかならない。魅力的なディテールを失った東京は、もはや「半径一キロメートルの箱庭で展開されるような反復的日常」の舞台としての匿名的空間でしかない。

遡れば、すでに一九七〇年の大阪万博において未来の喪失は決定的なものだった。そもそも「お祭り広場」を設計した磯崎新のテーマからして「未来の廃墟」である。当時、建築において進行しつつあったシェルター機能と表象機能の乖離は、「お祭り広場」と「太陽の塔」の分離として見事に表現されていた。しかしそれは、建築デザインの終焉にほかならなかったのである。

この分離は、九〇年代にいたって、オウム真理教の施設である「サティアン」として反復された。サティアンはデザインを欠いたシェルター機能しか持たないプレハブに過ぎず、そこでの表象機能は、教団のあった「富士ケ嶺」から真近に見える富士山に分離・憑依させられていた。

サティアンの発想には、キャラクターへの関心が高く空間への関心が低いオタクに独特の空間感覚に重なるものがある。その空間感覚こそが、萌え絵（表象機能）と窓のない倉庫のような建築（シェルター）が立ち並ぶ秋葉原の景観をもたらしたのだ。

さらに未来の喪失は、森川の用語によるところの「非社会化」につながる。この過程は都市にばかりあてはまるわけではない。森川は航空機デザインの変遷を例に取る。超音速旅客機からジャンボジェットへという大衆化の過程は、九〇年代、ついにはジャンボに子供の絵が描かれる事態にまで至った。

これは秋葉原の市街にアニメ絵の美少女が溢れる事態と、非社会化の方向性を共有している。これを森川は「〈未来〉がキャラクターによって補塡された」として、そこに中央集権（官）から個人化（民）へ、個人化から非社会化（個）へという技術観の変遷をみてとろうとする。

「おたく」的都市論

ビエンナーレの展示に関わることで、僕は「おたく的空間」のもう一つの特性に気付かされた。おたく的トポスにおいては、常に「メタ空間」が相似形のもとで反復されている。どういうことだろうか。

あたかも集合住宅を思わせるレンタルショーケース展示の隣に、パイプベッドを外枠として個室内個室をイメージした「おたくの部屋」のミニチュアが、文字どおり集合住宅として陳列されること。「所有空間」∧「個室」∧「祝祭空間」∧「居住空間」∧「ヴァーチャル空間」という階層構造がここにある。A∧Bという表記は、「BはAに対して『メタ空間』である」ということを意味する。所有空間とは例えばレンタルショーケースであり、祝祭空間はいうまでもなくコミケ会場、居住空間は秋葉原、ヴァーチャル空間がネットゲームの世界、ということになる。この、すべての階層において、おたく的空間は「萌え」のモチーフを反復する。

森川によれば、日本の都市開発のあり方には三段階のフェーズがあるという。第一フェーズが六〇年代の〝官〟主導型であり、第二フェーズとしての八〇年代のバブル期は「ポストモダン」のキャッチフレーズのもと、〝民〟主導型に展開した。第一フェーズが男性的人格、第二フェーズが〈外向的〉女性的人格であるとすれば、第三のフェーズを統べるのが、〈未来〉を喪失した〈内向的〉男性、あるいはオタクという第三のジェンダーであるというのが森川の主張である。

ここで重要なことは、オタク的欲望の追求が、ポストモダンにおける資本主義的な欲望の追求とは明確に差異化されている点だ。オタクが「第三のジェンダー」であるか否かはともかく、いまや空間を統制する新たな原理として「萌え」が無視できない位置におかれることになる。

僕に付け加えるべき視点があるとすれば、「萌え」は空間のメタ的区分を無効化する、ということだ。より正確に言えば、「萌え」は「メタ空間など存在しない」という一つの真理を露呈させるのである。いうまでもなくこの指摘は、空間もまた言語的に構成されており、言語にはそれを基礎付けるようないかなる「メタ言語」も存在しない、という精神分析の公準にもとづいている。

森川はその語を用いていないが、ここにはあきらかに「再帰性」の作用がある。念のために註釈しておけば、「再帰性」とは「概念」と「現実」が相互に規定し合うような関係におかれる事態を指している。『趣都の誕生』の趣旨に即して言えば、「萌え」が都市を変貌させるとともに、その都市空間を経験することで個人に「萌え」が再インストールされるような関係性である。

「未来」や「理想」といった外部が喪失された時、この種の再帰性はいっそう加速されることになるだろう。情報ネットワークの整備によって社会の流動性は高められ、価値共同体は失われてコミュニケーションの共同体のみが前景化する。このときキャラクターに萌えることとは、萌えている個人をもキャラ化することを意味するだろう。それは同時に「欲望」そのものを個人の同一性の記述とみなすことであり、ここにもすでに再帰性は浸透しはじめている。

もちろんこうした事態は、「おたく」に限った話ではあるまい。現に森川も、秋葉原と渋谷の都市景観の対比において、異なった再帰性の作動を示唆している。しかし秋葉原の特異性は、やはり十分に強調されておかなければならない。なぜなら同書においては、「萌え」と「都市」の再帰性を媒介する存在として「美少女キャラ」の存在が強調されているからだ。この重要な媒介項を欠いたまま、「趣味」と「建築」との再帰的関係をこれほどまでに説得的に記述することは不可能であっただろう。「少女は建築だ！」という森川の言葉は、まさにこのような状況を指し示すテーゼにほかならなかったのだ。

第9章　虚構としてのキャラクター論

データベース理論

東浩紀は一貫して、この「キャラクター」の問題と向きあいつづけてきた思想家だ。

東浩紀は現代の文学における「想像力の二環境化」について述べている（『ゲーム的リアリズムの誕生』講談社現代新書）。東によればリアリズムには二つの種類が存在する。「自然主義的リアリズム」と「まんが・アニメ的リアリズム」がそれだ。ちなみに後者は、大塚英志によって導入された言葉であり、これについてはすでに述べた。

現代の日本においては、多くの小説、とりわけライトノベルと呼ばれるジャンルにおいて、作品は「自然主義的」な描写ではなく、キャラクターのデータベースを参照しつつ創られている。つまり、現代の小説においては、現実をそのままなぞることを目指すようなリアルで巧みな描写、「人間が描けて」いるような文体、そうしたものはかつてほど重要ではなくなっている、ということだ。

東浩紀の独創は、「まんが・アニメ的リアリズム」を支える資源として、「データベース」という概念を導入したことにある。このデータベースは、過去の作品のありとあらゆる断片のアーカイブである。ジャンルや作品ごとに整然と整理されたものではない。ある断片がどの作品に属するのかも曖昧になってしまうような、混沌とした空間というイメージに近い。

それは一種の集合的な記憶として、作品の制作に関与する。もはや日本のサブカルチャーにおいて、完全に一次素材から作り出された作品など、ほとんど存在しない。ほとんどの作家が、このデータベースを参照しつつ、あたかも二次創作のような身ぶりで、新たな作品を生み出していく。

たとえば第5章で引用した新城カズマは、キャラの進化について興味深い指摘をしている。キャラには「メガネっ娘」「ツンデレ」「メイド」といった基本類型がいくつかあるのだが、この類型は重ね合わせによっていくらでも新しい類型を生み出すことが可能だというのだ。そのせいでいまや、昔の漫画にはありえなかったような「メガネでメイドで若奥様」といったキャラが平然と登場するという。そう、組み合わせが欲望に先行するということ。こうした事態を説明する上でまず考慮されるべきは「データベース理論」であろう。

しかし、この議論は、上の世代の批評家から厳しい批判を受けた。データベース化は、過去にさんざん言われたサンプリングやカットアップ、あるいはシミュレーショニズムとどこが違うのか、というわけだ。確かに、そうした疑問が出されても仕方ない面もあり、東もこの点についてはやや説明不足だった感もある。

にもかかわらず、この論点が決定的に新しいのは、「データベースの参照」と「過去作品からの引用」とは、まったく意味合いが異なるからだ。「引用」には、固有名のアウラそのものの導入、というニュアンスがある。このとき岡崎乾二郎が言うように、作品は引用されると、一種の古典として完結してしまう（『芸術の設計』フィルムアート社）。

しかしデータベースは、徹底して匿名的だ。たとえその断片の元ネタがなんであるか推定できたとしても、その元ネタがさらなる引用の束だったりすることもある以上、作家へのリスペクトよりは、公共財の気軽な活用、というニュアンスが濃厚になる。

この束による「データベース」の発想が有意義なのは、キャラクターという特異な表象物の存在理由を説明する場合に、必ずしも「人間の欲望」だけを前提とする必要がなくなるという点にきわまる。

僕はかつて、著書『戦闘美少女の精神分析』において、「戦う美少女」という不可解なアイコンを分析する際に、おたくのセクシュアリティの側から解読を試みた。ごく簡単に説明しておけば、戦闘美少女という表象物には、その不可視の土台として、さまざまなおたく的欲望の形式が凝集されている。しかしつまるところ「戦闘美少女」とは、虚構空間内で反転させられたヒステリーの象徴であり、トラウマの欠如と戦闘能力の組み合わせという構造こそが、欲望の原因を構成するというものだった。この議論は大筋において現在も有効であると考えている。しかし、この時点では気づいていなかった要因も少なくない。その一つがまさに「データベース」の発想だった。

はじめに欲望ありき、では表象物は成立しない。むしろ人間の欲望は、無数の表象物に導かれるようにして、自らを事後的に発見してしまうことがある。これは第8章のロリコンの成立の箇所でくわしく述べた。ここでそうした「発見」を誘発するのが、おたく達のデータベースなのである。

キャラの三界

キャラクターという問題系がきわめて興味深いのは、表現というものが、「表象不可能ななにものか」を担保としなくても成立する、ということをはっきりと示した点にある。僕がよく引用するジャック・ラカンという精神分析家の用語を用いて言えば、キャラクターの成分は、徹頭徹尾、「想像的なもの」からできている。それはイメージの産物でしかない。にもかかわらず、キャラクターは人々を惹き付け、物語を生み出し、時にはひとの人生を変えてしまう。

混乱を避けるため、ここでラカン用語について、ごく簡単に説明しておこう。

ラカンによれば、人間のこころには、想像界、象徴界、現実界という、三つの領域が存在する。想像界というのはヴィジュアルイメージの世界。象徴界というのは、大ざっぱに言えば、言葉の世界。現実界は現実の世界、ではなくて、みることもさわることも語ることもできない、不可能の世界。これがラカンの整理だ。

これでもまだ、わかりにくいと言われることがあるので、映画『マトリックス』にたとえてみよう。

マトリックスの舞台である近未来の社会では、人間はコンピューターの熱源として「栽培」されている。孵卵器のような特殊な昆虫の胎内で人間は眠り続け、コンピューターが作り出した一九九九年の仮想世界の夢を見ている。この仮想世界こそが「マトリックス」だ。

人々はこの偽物の世界で一生を送るが、誰もそのことに気づかない。この絶望的な世界で、「マトリックス」の存在に気づいた反乱組織が、コンピューターの支配と戦うというのが、この映画の骨子だ。

ここで仮想世界「マトリックス」は、偽物のイメージの世界という意味で、そのまま想像界になぞらえることができる。で、人間がマトリックスの夢をみながら寝ている「現実世界」が現実界だ。映画だから現実界のシーンも描かれはするけれど、ここでのポイントは、マトリックスの中にいる人間は、現実界から決定的な影響を受けながらも、その存在に気づかず、もちろんそれを見ることも触ることもできないということだ。

ならば、象徴界はどこにあるのか。

映画のラストで、一度死んだ救世主ネオは「覚醒」する。ネオの目に映るのは、もはや仮想世界の幻影ではない。彼はいまや、マトリックスを生み出しているプログラムのソースコードそのものを眺めることができる。ここでネオが見ているコード・システムこそが、象徴界にあたる。

たとえば批評業界で、アニメよりも映画のほうがえらいと考えられがちなのは、映画のほうが表象不可能な深さを持っている、と無根拠に信じられているためだ。アニメの製作工程は、一般的に、人間の想像力によって完璧にコントロールされている。脚本から絵コンテ、キャラクター設定から背景の描写、世界観とテーマ、あらゆる細部に「意味」がある。無意味な描写に無駄な労力はさけないため、これは必然的な帰結でもある。

しかし映画は違う。もちろん映画の制作も徹底したコントロールがなされるが、それでも映画の画面には、しばしば意図せざるものが映り込んでしまう。それは俳優の不可解な表情や、画面にうっかり入ってしまったスタッフや、監督の意図を越えた空気感といった、表象不可能ななにものかである。批評家によっては、まさにそうした映画の無意識とでもいうべき細部において映画を評価しようとするものもいる。

東浩紀をはじめとする若い批評家たちは、作品の深部や作家の意図を深読みすることで成り立つような作業を、もはや批評とは呼ばないことにしたらしい。少なくとも彼らは、作品を表象不可能性というレベルで評価しようとはしない。いや、それどころか、彼らは象徴的な作用にすら徹底して禁欲的だ。次の東浩紀の文章に、そうした決意がよく示されている。

「そこで問題になるのは、キャラクターの本質というよりも、キャラクターをめぐって展開される想像力の環境である」（『ゲーム的リアリズムの誕生』）

人間の想像力から生まれたキャラクターたちが、人間の想像力によって受容され、想像力の環境において循環するということ。この環境について「閉鎖的だ」「他者性がない」などと批判するのはあまりにも容易だ。しかし、人々の物語消費の形態そのものが、そうした変容を遂げつつあるのだとしたら、そこを嘆いて見せてもはじまらない。それは「民度が低い」といった批判と同様、批判者のナルシシズムの表明にしかならない。

ゲーム的リアリズム

東は最近のゲームやライトノベルに共通する、一つの特異な構造について述べる。「ゲームのような小説」(清涼院流水の一連の作品、あるいは舞城王太郎『九十九十九』など)が増えたばかりではない。むしろ「小説のようなゲーム」(シナリオの分岐がほとんどないゲーム：『ひぐらしのなく頃に』など)も増えているというのだ。

東は「記号を用いて身体を表現するという逆説的な課題に挑」むのがまんが・アニメ的リアリズムであるとするなら、コンテンツ志向メディア(小説)を用いてコミュニケーション志向メディア(ゲーム)の経験を表現する(その逆もある)という逆説に挑むのが「ゲーム的リアリズム」であるという。この手法で重視されるのは、作品の物語的主題ではなく、その構造だ。メタ物語的な読者/プレイヤーをいかにして物語のなかに引き込むか。それを可能にする「構造的主題」は、東のいわゆる「環境分析的読解」によって、生々しい実存的メッセージとして見出されるだろう。

変化しつつあるのは、感情移入の場所である。ポストモダン文学の一部において「物語と現実の反映関係が確保できないため、キャラクターの生はメタ物語的な人工環境あるいはデータベースへと拡散し、それに呼応して読者の感情移入の場所も、キャラクターからプレイヤーへと、言いかえれば物語の主体からメタ物語の主体へと移動してしまった」と東は言う。

ただし、ここで東が指摘する「ゲーム的リアリズム」の概念、なかんずく「プレイヤー視点への感情移入」への注目そのものについては、ラカン派ならばとりあえず、それが「象徴的同一化」とどう違うのかを問いただしておく必要がある。ただし、もし違いがなかったとしても、東の指摘に発見がないと言いたいわけではない。ゲーム的リアリズムの隆盛は、かつては巧まざる効果に過ぎなかった象徴的同一化を、構造的主題として意図的に喚起するような手法の前景化として理解できるからだ。

東が記述するキャラクターは、もはや物語の一つのレイヤーにのみ封じ込め可能な存在でないことはあきらかだ。いや、むしろこう言うべきだろう。物語のあらゆるレイヤーにキャラクターが浸透した表現空間を「キャラクター小説」と呼ぶのだ、と。それが果たして「文学」に拮抗しうる空間なのかどうかはまだわからない。しかし少なくとも、旧態依然たる批評言語のみではこの空間に切り込むことは不可能だろう。

「データベース」から

本書において僕は、東浩紀のデータベース理論を繰り返し参照してきた。しかし実のところ、僕はこの理論をあくまで過渡的なものと考えている。

これは決して、東の功績をおとしめるものではない。彼は現代の（ゼロ年代の？）想像力が、もはや〝生の現実〟という幻想から完全に手を切っていること、もはや僕たちは、過去作品の無数の断片を組み合わせるしか、想像／創造の手段を持っていないこと、つまりあらゆる創造はいまやことごとく、引用の意識すら乏しい「二次創作」になりはててしまったという事実を身も蓋もなく指摘した。

これは旧世代がなかなか手放すことができずにいる自然主義的リアリズムからの決定的な決別宣言として、大きな意味を持っていた。もう一つの画期は、組み合わされる断片が、オリジナルの作家性や作品世界といったコンテクストとはほぼ無関係な形で引用される傾向への指摘だ。

データベース理論の、そうした歴史的な意義は、けっしてなかったことにはできない。そうした東の仕事の意義を高く評価しつつ、しかしなおも次のステップに向かうことを考えるなら、データベース理論は乗り越えられなければならないだろう。

もちろん僕は東のデータベース理論（あるいは環境の設計、工学化といった言葉も含めて）が一種の比喩であるということは承知している。人間の脳の中に、本来的な意味でのデータベースが存在するとベタに想定することは単に間違いだ。

人間の記憶の仕組みは、記銘と想起のありようにおいてすら、データベースの作動とはかなり異なっている（想起は必ず変形を含むので）。早い話が、トラウマのような記憶の影響は、脳によるデータ処理の不可能性という視点からでないと説明ができない。

以上の前提を踏まえた上で、僕が言いたいことは、たとえ比喩としてであっても、データベース理論は乗り越えられる必要がある、ということだ。

今度は、〝比喩としてのデータベース〟の問題点を指摘しておこう。東浩紀が想定している〝データベース〟が奇妙なのは、それが先行〝作品〟のデータを扱うのか、先行作品の〝細部〟を扱うのかが曖昧にされている点だ。もしそれが作品のデータなら、「タイトル／作者／制作年／あらすじ／登場人物／評価／批評」などの項目ごとに整理されることになる。しかしおそらく、このタイプのデータベースが想定されているわけではないだろう。

ならば、作品細部のデータベースであるとするなら、今度はどのレベルで「細部」を切り分けるか、という問題が必然的に生じてくる。キャラクターで言えば東のいわゆる「萌え要素」ということになるだろうか。

しかし例えば、第4章で見てきたようなキャラクターの瞳について考えてみるだけで、この問題は原理的困難にゆきあたることになる。キャラクターにおける〝瞳〟の表現は、はたして細分化されたパーツの「組み合わせ」と言いうるだろうか。〝瞳の意味〟は、他のパーツとの位置関係によってはじめて決定づけられる。つまり、キャラの瞳が適切に機能するには、その造形以上に、複雑な位置情報が不可欠なのだ。

あるキャラクターの造形を、過去のさまざまなキャラクターのパーツの組み合わせとして〝近似的に〟理解することは、けっして不可能ではない。しかしそうした引用と組み合わせは、純粋にランダムな順列組み合わせ〈だけ〉ではなされ得ない。むしろ、それがリアルなキャラクターであるためには、いっけんランダムに見える組み合わせが、事後的に必然性の感覚をもたらすような〝魔法のバトンの一振り〟が欠かせないはずだ。

つまりデータの単位は人間の認知構造にもとづいてきわめて恣意的に決定づけられるものであり、その分節単位は引用者や引用文脈によって異なってしまうのである。結果的にデータ分節は常に引用後に見出されることになる。

東浩紀はどこかで、彼の「データベース」をラカンのいわゆる「現実界」になぞらえていた。これも〝比喩〟としては理解できるが、正確とは言えない。僕による理解では、キャラクターには常にすでにRSI、すなわち想像界・象徴界・現実界それぞれの作動の契機が含まれている。どういうことだろうか。

造形がもたらす意味においては想像的なものが、その造形を可能にした創造過程には象徴的なものが、キャラクターのこちらを見返す眼差しと、それによって喚起される欲望の位相では現実的なものが作用している。少なくとも、それがリアルなキャラクターであるのなら、いずれもごく当然のことである。

先ほど述べたとおり、精神分析的に考えるなら、「キャラの生成」が起きるのは主として「象徴界」だ。これはつまりさまざまな精神的「症状」と同じ審級で起こる、ということを意味している。

もしそうだとすれば、データベースは象徴界に位置づけられることになり、論の整合性も保たれるはずだ。データベースには自律性はないが、象徴界には自律性がある。こうした自律性こそが、キャラクターを生み出す創造性の源と考えられる。補足しておけば「現実界」は完全な不可能性の領域なので、それが直截的にキャラクターという有意味な存在を生み出すことはできない。

同一性のコンテクスト

データベース理論においては、作品とキャラクターがほぼ同列に論じられることになる。乱暴に要約すれば、いずれも先行作品の膨大な集積＝データベースの上で成立する被造物であることになるからだ。

しかしここに問題がある。データベースは「顔」を生み出すことができないのだ。より正確に言えば「顔の同一性」を。データベース理論は、キャラの差異化についてはある程度記述可能だ。しかし同一性の成立については、これだけでは積極的に記述できない。

第4章で詳しく検証してきたように、僕はキャラクターの本質のひとつを「顔」にあると考えている。もちろん顔を持たないキャラクターも存在するが、たいてい彼らには何らかの相貌性のような印象を与える特徴がある。僕たちはそれを認識しつつ、そこになんらかの「新しさ」を見出している。

問題はここにある。

データベースは新しい「顔」を生み出す力を持たない。それは無限の順列組み合わせをもたらすかもしれないが、それだけでは十分とは言えない。わけても新しいキャラクターの「顔」は、単なるデータの組み合わせでは決して生まれない。もちろんこれは実証可能な話ではなく、単なる個人的確信である。

僕は著書『文脈病』において、「顔はコンテクストである」という命題をくり返し論証しようと試みた。僕たちの顔認識は、けっして「パターン認識」ではありえない。顔の同一性に関わる認識は、パターン認識の精度をどれほど上げても近似すらできない。つまり、顔の認識は、その顔の所有者が特別に認識されたがっているのでないかぎり、機械的認識に抵抗する。

もちろん顔を同定するパソコンソフトは存在するが、こちらは完全にパターン認識に依存している。パターン認識がとらえる同一性は、僕たちが認識する同一性とは位相が異なる。それゆえパターン認識は、化粧や変装、あるいは加齢といった形態的変化によって、容易に欺かれてしまう。

顔の同一性を認識する際、パターンを越えて僕たちに届くもの。僕はそれこそがコンテクスト、固有性のコンテクストであると考えた。それはコンテクストであるがゆえに、機械的認識に抵抗する。なぜなら現在のパソコンでは、コンテクスト認識は単に不可能であるからだ。

ならば、キャラの顔の同一性は、パターンではないのだろうか。

この判断はきわめて難しい。データの組み合わせなら、そこにパターンがあるはずだ。しかしたとえば、四方田犬彦が喝破するとおり、漫画とは無限に「同じ顔」を生み出しながら、しかし一つとして完全に同一の顔はない、というきわめて特異な表現だ（四方田犬彦『漫画原論』ちくま学芸文庫）。いわば無際限に差異にひらかれているがゆえに同一性を維持しているのが「キャラの顔」なのである。この「差異化による同一性の維持」を「パターーン」は認識できない。

ここでラカニアンとしての僕は、どうしても「シニフィアンの非同一性」を連想せずにはいられない。そうであるなら、第3章でみてきたとおり、キャラには「声」や「文字」になぞらえられる性質が潜んでいる、ということになるだろう。

顔の反復から新しい顔が生まれる。僕はキャラの顔は、そのようにしてもたらされたと考えている。現存するほとんどのキャラは、なんらかのコンテクスト性のもとでの反復によって生まれた。僕はそう確信している。

見かけ上は萌え要素の集合体のようにみえるキャラも少なくないが、しかし彼らは、決してランダムなフラグメントの順列組み合わせからは合成され得ない。

キャラを成立せしめるのは、一つには物語性、一つにはジャンル性、さらに一つには過去の図像史をふまえた造形性、などの要素といい得るだろう。各論的に補足しておくなら、今もし萌えキャラをまったく新たに創造しようと試みるなら、顔以上に重要なものは「眼」のコンテクストである。

身体の造形やファッション性においてどれほど冒険を試みようと、「眼」になんらかの新規なコンテクスト性がなければ、そのキャラは新鮮なものとは言えない。造形的要素の新しさ古さといった判定において、僕たちは「過去のデータベースを参照している」と比喩的に言うことはできるだろう。

しかしやはり、それは比喩でしかない。作家がイメージを造形するためのアーカイブがあり得るとしても、それは決して静的なデータ貯蔵庫ではあり得ない。いったん記憶され、ある程度は変形を被ったうえで反復生成するイメージ。それは原イメージとほとんど同形でありながらも、完全に同形ではありえない。つまりそれらは、データではなくてコンテクストそのものなのである。

別の、もっと繊細な言い方をするならば、そこには完全な新奇さと同時に、なにがしかの反復回帰の要素が求められる。僕が命名した「戦闘美少女」もののジャンルがいまなお根強く存続し続け、その中でなんらかの新陳代謝が受け継がれていることがなによりの証拠だ。

たとえば二〇一一年二月現在放映中のアニメ『魔法少女まどか☆マギカ』におけるヒロインたちのキャラクター造形には、反復回帰がいかにして新奇さをもたらしうるかという意味で、ほとんど教科書的な作品と言っていい。

僕はそこに、単なるデータベースというのっぺりした領域よりは、複雑な構造と自律的な作動原理をかねそなえた「アーカイヴ」を想定してみたくなる。そう、東浩紀への批判的文脈でこの言葉を用いるなら、参照すべきは当然、デリダの講演記録『アーカイヴの病』（法政大学出版局）ということになる。

フロイト博物館でなされたこの講演は、まさにフロイトのアーカイヴを問題としている。詳しい解説をする余裕はないが、デリダはまさにこのアーカイヴに、アーカイヴそれ自体を内側から食い破ってしまうような自律性、すなわち「アーカイヴの病」を見出す。「アーカイヴに対する強迫的で反復的、郷愁的な欲望を、起源への回帰の抑え難い欲望、望郷の念、絶対の始まりの最も古代的な場所に回帰する郷愁」がそれをもたらすだろう。

それゆえにアーカイヴは亡霊的であるとみなされるのだが、もはやここにおける「亡霊」の用法は、東による「幽霊」の用法よりもはるかに複雑な残響をはらんでいる。

デリダが「フロイトのアーカイヴ」、すなわち精神分析のアーカイヴについて述べたことがらは、おそらくアーカイヴ一般に敷衍することが可能だ。もし僕たちが新たなキャラの造形において、弛緩したデータベースの偶有的な順列組み合わせよりは、作家の衝動性や抑圧、郷愁や強迫を感じ取ることができるとすれば、次に検討されるべきは「キャラのアーカイヴ」ということになるだろう。

キャラのまなざし

キャラクターについて考える場合にも、ラカンは有益なヒントをあたえてくれる。どういうことだろうか。

たとえばラカンは、絵画と表象を区別する。なぜか。絵画には「まなざし」があるが、表象はイメージでしかないからだ。

絵画とは動物の擬態のようなものだ。擬態にはまなざしの作用が含まれている。つまりそこでは、見る主体と見られる主体という二つの作用が重ね合わせられている。

僕はキャラクターのリアリティについて、それが単なるイメージを超えた存在であり得るためには、まさにこの「まなざし」の機能が欠かせないと考えている。つまりこういうことだ。僕たちがそのキャラクターをリアルであると言いうるためには、そこに眼差しの交錯が生じなければならない、ということ。僕たちはキャラクターを見ているが、キャラクターも僕たちを見ている。それは必ずしも「目が合う」といったことだけを意味しない。

さらに言えば、そこで交錯するのは僕とキャラクターの視線だけではない。作家の視線が加わる場合があるからだ。そう、僕はキャラクターに見られているとき、しばしばその向こうに作家のまなざしを感ずることがある。だんだんオカルトめいてきたとお感じだろうか。しかしそれを言うなら、「何がリアルか」という議論そのものが、そもそもオカルト談義みたいなものなのだ。

まなざすこととまなざされること。こうした相互作用がいかにして生ずるかを技法的に解明することはむずかしい。おそらくそれは、認知心理学的な還元には決してなじまないようなものをはらんでいるはずだ。

この、「まなざすこと」の問題を深めていくと、すぐつきあたるのは自己言及の問題だ。相互にみつめあうことが可能な存在は、自己言及回路を実装した「語る存在」にほかならない。

ここで「人間」と「キャラ」が異なるのは、自己言及が変化（≠成長）を促すか、あるいは同一性の再確認にのみ使われるか、という点だ。そう、キャラになるということは、コミュニケーションの疎通性を高める代償に、成長や成熟を含むすべての「変化」を切り捨てるということだ。

このことについては、これに続く「セカイ系」をめぐる議論で、もう一度検証することになるだろう。

セカイ系

まずは、「セカイ系」小説について検討する。セカイ系小説は、キャラの生成においてきわめて重要な環境を提供するからだ。本当なら小説におけるキャラクターの箇所で論ずるべき話題かもしれないが、キャラの本質に関わる議論なので、こちらで展開してみよう。

最初に「セカイ系」について簡単に解説しておく。「はてなキーワード：セカイ系」の解説が簡にして要を得ているので、まずはそこから引用してみよう。

「過剰な自意識を持った主人公が（それ故）自意識の範疇だけが世界（セカイ）であると認識・行動する（主にアニメやコミックの）一連の作品群のカテゴリ総称」であり、代表的な作品として『新世紀エヴァンゲリオン』『ほしのこえ』『最終兵器彼女』などが挙げられている。ポイントは「［きみとぼく↔社会↔世界］という三段階のうち、『社会』をすっ飛ばして『きみとぼく』と『世界』のあり方が直結してしまうような作品を指すという定義」にある。

かつて別役実は皮膚感覚でお互いに感じ取れる距離については「近景」、家族や地域社会といった共同体的な対人距離で構成されるのは「中景」、神秘的なものや占いを信じるような態度は「遠景」とみなした。いまや近景と遠景を媒介するはずの「中景」が抜けてしまって、近景と遠景がネットワークを通じていきなり接続される傾向が前面化しつつある。

東浩紀は同じ現象を「象徴界の喪失」と表現した。そこでは主人公たちの学園生活といった日常、すなわち想像界と、世界破滅の危機といった無限遠の彼方にある現実界とがいきなり結びつけられてしまう。そこには「中景」にあたる「社会」や「イデオロギー」が存在しない（拙著『「負けた」教の信者たち』）。「セカイ系」の提唱者は「はてなダイアリー」のブロガー「ぷるにえブックマーク」氏である。氏が二〇〇二年の冬コミで発表した「セカイ系のこと」という小文がこの言葉の出発点だ。内容を要約してみよう。

セカイ系作品においては、主人公も敵キャラも最初からやたらと強く、非日常な出来事にも驚くでもなく淡々とした態度を貫き、ヒロインは最初から主人公に好意的で向こうから接近してくれる。それは（よく言われるように）「まんが・アニメ的リアリティに立脚」すらしておらず、「いきなり天才で最強でモテまくり」という。

ちなみに同氏は、主として西尾維新の作品について語っているのだが、それはまんが・アニメ的リアリティですらない、という。なぜなら、まんが・アニメ的リアリティは、主人公の成長や変化を前提としているからだ。セカイ系作品では、登場人物が成長しない。つまり、ことごとく反ビルドゥングスロマンなのである。

ゼロ年代のライトノベルやアニメでは、こうした作品が席巻した。それこそ宇野常寛が苛立ちのあまり「セカイ系はもう古い」と宣告しなければならないほどに(『ゼロ年代の想像力』早川書房)。ならば宇野の指摘するような「決断主義」の流行について考えるべきなのだろうか。僕自身は、この言葉にいまだ切実なものを感じないため、多くは語れない。

ラメラスケイプ

僕の仮説では、セカイ系の構造は、すでに第5章で述べてきたメタ・ミステリーの構造と似ている。どういうことだろうか。

セカイ系における近景と遠景、そしてメタ・ミステリーにおけるオブジェクト・レベル(作品内世界)とメタレベル(作品の外側)。この二者関係の対立構造において、すでに分裂が兆しており、それは容易に多数性につながっていくということ。そう、メタ・ミステリーの袋小路が、あの一二〇〇の密室をもたらしたように。

いずれにせよ、セカイ系であると同時に多重世界を描く、あるいはジャンルとは無関係に世界の多重化を描くという傾向は、最近いよいよ高まりつつある。

そして、これ以降、少なからぬ数の作家たちが、複数化した虚構空間を好んで採用するようになっていく。ひとつだけ典型をということなら、人気シリーズ「涼宮ハルヒ」で知られる谷川流《たにがわながる》を第一にあげておくべきだろう。このライトノベル連作は、すでにシリーズ九作目までが出版され、二〇〇六年春のアニメ化で人気に拍車がかかり、累計二五〇万部に達しているとのことだ。

東浩紀は「涼宮ハルヒ」シリーズについて、「かなり変わった小説」と評している。東は言う。「ライトノベルの手法や、『セカイ系』などと呼ばれるオタク達の自閉的想像力をパロディー化した技巧的な設定を導入しながらも、物語としては安定感があり、作家の力量を感じさせる。一種のメタライトノベルなので初心者には不向きだが、『こんな奇妙な小説が一〇〇万人に読まれているのか』と驚くには、よい例かもしれない」と（「ライトノベルという驚き」『論座』二〇〇六年八月号）。

谷川は兵庫県に生まれ、阪神大震災で被災経験を持つという。その直接の影響については谷川は多くを語らない（二〇〇六年七月一二日付『読売新聞』）。しかし本作においても、やはり空間の多重化・複数化は自明のごとく採用されている。そもそもハルヒを見守る「SOS団」の仲間たちは、語り手である男子高校生「キョン」を除けば、それぞれ宇宙人（長門有希）、未来人（朝比奈みくる）、超能力者（古泉一樹）だ。彼らがそれぞれに語るこの「世界」のありようは、すべて異なる。

ハルヒの存在も、「情報の奔流」を起こし、「時間震動」の源であり、世界の存在を夢見る「神」のごとき存在と、その正体は彼らの世界観ごとにまったく異なる。一致しているのは、ハルヒの機嫌を損ねたら世界が危ないという認識のみだ。複数の正解が語られることで、ハルヒの真相は「藪の中」のごとく曖昧化したのだろうか？　そうではない。解の分散と多重化は、まさにそのゆえにこそ、唯一の一致点である「ハルヒ＝世界の中心」を補強するだろう。もはや信ずるに足りない「世界」を「リアリティ」に係留する唯一の拠点。

こうした多重化のモチーフを採用するライトノベルは実に多い。いや、ことはライトノベルに限らない。最近必要があってツンデレの系譜をリサーチしたさい、代表的な作品の多くが、多重世界のモチーフを扱っていることを知って驚いた。具体的には『ローゼンメイデン』における「nのフィールド」、『灼眼《しゃくがん》のシャナ』における「紅世《ぐぜ》」、『Fate/stay night』における「根源」などがそうだ。隣接し、重なり合ってはいるが、決して一般人には見えない世界。

最近でも高橋源一郎の『「悪」と戦う』、三島賞を受賞した東浩紀の『クォンタム・ファミリーズ』など、平行世界＝パラレルワールドを舞台にした文学作品が話題となっている。中でも村上春樹は以前から、『世界の終わりとハードボイルドワンダーランド』や短編「かえるくん、東京を救う」など、わりと平行世界的なモチーフをくり返してきた。別の世界で世界を救う働きをして帰ってくるようなお話。そして最新作『1Q84』も、物語世界の骨格はパラレルワールドだった。

ここで『1Q84』についていえば、少なくとも物語の構造は、『羊をめぐる冒険』よりははるかに錯綜し複雑化している。「青豆」が入り込んでしまう二つの月がある別の現実、その世界が実は「天吾」が書きつつある小説世界であるというメタ的構造、さらに次元を異にする存在であることが示唆されている「リトルピープル」の出現など、これまでのどの作品と比べても複雑な世界設定がそこにある。要するにここでは、描写の重層性が後退して、代わりに世界の重層性が前景化しているのだ。

それが無意識になされたのか、意図的なものかはわからない。ただ僕の印象として、村上の「比喩の衰弱」は、どうやら例の「コミットメント」以降に顕著であるような気がしてならない。もしそうであるなら、世界設定の複雑化と描写の衰弱とは、コミットメントがもたらした間接的（副？）作用という類推も成り立つのかもしれない。

こうした、作品世界の重層化が結果的に描写の平板化や登場人物のキャラクター化を招くという事態については、かつて中上健次の作品を素材として検討したことがある（「ラメラスケイプ、あるいは『身体』の消失」『思想地図 vol.4』ＮＨＫ出版）。たとえば晩年の作品『異族』における描写のフラットぶりは、中上健次的キャラクターを登場させた「キャラクター小説」とすら言われている（東浩紀×前田塁「父殺しの喪失、母萌えの過剰」『ユリイカ』二〇〇八年一〇月号）。こうした描写の変質が意図的なものかどうかについては議論があるところだが、僕はそれを形式的な必然としてとらえたい。

ラカンのいわゆる「想像界」は重層的な構造を持っており、リアリティとはレイヤー間の同期がもたらす効果にほかならない。想像界は身体性と相互に根拠付け合う関係にあり、身体性もまた重層的な構造を持つ。

重層性を前提とする虚構世界にあって、「身体性」が衰弱し、「キャラ」が前景化するのは必然的ななりゆきである。「キャラ」とはここまでの議論から、「身体性を除去した人格的記号」と定義づけることができる。そう、そこには「図像」は伴いうるとしても、およそいかなる身体性も欠けているのだ。キャラはまさに身体性を欠くがゆえに、虚構世界のレイヤー間を自在に移動し、あるいは任意のレイヤーにとどまることが可能となる。

再び事例にもとづいて確認してみよう。

いまや「キャラクター小説」において、「描写」はほとんど機能していない。

現在もっとも人気のあるライトノベル作家の一人である西尾維新の作品にも、「描写」はほとんど欠けている。図像は表紙イラストという別のレイヤーに描かれているから不要、と言わんばかりの徹底性だ。のみならず西尾は、きわめて入念な手つきで、作品世界から「成長」や「関係」の兆しをことごとく排除する。後に残されるのはキャラの特異な名前とキャラ同士がかわす「戯言」しかない。

知られる通り西尾自身は、キャラクター小説の構造そのものに自覚的な作家の一人だ。それだけに彼の作品は、きわめて複雑にメタレベルが入り組んだものとなる。彼の小説は、自身認めるように、キャラを媒介とした物語生成システムの実験であり、果敢な「形式の冒険」にほかならないのだ。

このように重層化した虚構空間＝現実空間を、僕は仮に「ラメラスケイプ」と命名した（前掲論文）。ラメラスケイプはその重層性によって、かつて「身体性」が担っていた機能を環境的に代行する。そこは身体はおろか記号的同一性さえも欠如したキャラクターのみがリアルであり得るような場所であることは、先述した「初音ミク」の例をみてもはっきりしている。つまり「ラメラスケイプ」における「描写＝身体性」の衰弱と「キャラクター」の前景化とは、ほぼ構造的な必然性のもとで生じつつあるのだ。

第10章　キャラクターとは何か

キャラ化された精神分析的基体——日本文化とキャラ

「キャラ」問題は、日本の精神風土に根強くかかわっており、それゆえ精神病理のありようにも、深く関与していると考えられる。

日本には欧米型の病理である「PTSD」や「多重人格（解離性同一性障害）」が少ないと言われる（もちろん、これを否定する研究者もいる）。このところ少しずつ増加傾向にあるが、しかしそれでも、発症頻度は欧米に比べて圧倒的に低い。いずれも心因性の疾患であり、ここにはあきらかに社会的・文化的な状況が影響しているはずだ。

僕にはこの問題が、日本のキャラ文化と密接に関連しているように思えてならない。日本人は、自らキャラ化することで、これらの病理を免れているのではないか。しかし同時に、キャラ文化独特の病理性もあり得るわけで、それが「対人恐怖」や「ひきこもり」の問題ではないかと考えられるのだ。

ここでいうキャラとは何か。それはまず第一に、対人関係のためのインターフェイスのことである。よく「対人関係の数だけ人格がある」と言われたりするが、関係性を前提として生成するものが、キャラである。もちろんこれだけなら、ペルソナとか仮面とか、いくらでも言い換えられるし、別に日本人に特異なものではない。

しかし例えば「ペルソナ」と言ったとたん、その背後に唯一の、真実の主体のようなものが自動的に析出する。それはもちろん、欧米型の主体イメージであり、「背後にあるもの」はしたがって「主体の空虚」ということになる。

空虚さゆえに僕たちは、隠喩的な複数のペルソナを「持つ」ことができる。そう、ペルソナとは、欠如した主体の所有物として機能するのだ。ここでペルソナの複数性と主体の単一性とが同時に、必然的に確保されてしまう。それゆえ主体とペルソナの関係は、常に「一対多」の関係になる。

それでは、ペルソナとキャラはどう違うのか。最大の違いは、「キャラ」がその背後に欠如を持たないことだ。それは何故か。「キャラ」は繰り返し述べてきたように「換喩」的な記号であり、それゆえ主体の完全な記号ではない。それは常に、主体を欠損した形で代表する記号なのだ。

この結果、キャラは常に「主体の全体性」もしくは「主体の複数性」を背景にした記号として表象される。主体がいつでもそれに「なる」ことができる生成的な記号、それが「キャラ」なのだ。したがって、主体とキャラの関係は、しばしば「多対多」の関係であり得る。

欧米型の主体が、つねに単一の存在、さらに暗黙には「欠如の痕跡」としてイメージされているなら、その唯一の主体が傷つけられたという経験がもたらすダメージは、きわめて甚大なものとなる。

日本人は、主体をキャラとしてイメージすることによって、あらかじめ主体について複数化したり、あるいは実体的な集合体という前提をイメージとして共有することができる。トータルな人格であることよりも、自分が場のコンテクストの中で、相対的にどのようなキャラとして振る舞いうるか、そちらのほうを重視するのだ。それゆえ「キャラがかぶる」ことや、「イケてないキャラ」としてみなされることを恐れることになる。

それならキャラを取り替えればいい、となるが、まさにこうしたキャラの互換性という発想自体が、キャラの換喩的性格に依存しているのだ。主体が単一で自立したものであるがゆえに、ペルソナは取り替えがきく。しかしキャラは、単一の主体の所有物ではなく、対人関係の文脈においてその都度生成させられるものであるがゆえに、コントロールがきかない。「このキャラじゃまずい」「変なキャラと思われる」と焦れば焦るほど、どんどん「いけてないキャラ」にはまりこんでいく。こうした「キャラを媒介とした間主観性」こそが、対人恐怖やひきこもり問題の根源にある。

だから、コミュニカティブな若者たちは、じぶんのキャラ化に成功したひとたちである、と言うこともできる。彼らが自分をとりまく状況については饒舌でありながら、自分自身のことになると口ごもるのは、じぶんのキャラさえ確立してしまえば、あとはさして自分について考える必要がないためとも考えられる。

ここまで述べてきた日本人の主体イメージを、僕は「キャラ化された精神分析的基体 Chacterized Psychoanalytic Matrix」と呼んでいる。

もちろん僕は、主体は常に単一で、本質的欠損を抱えていることを普遍的な前提として考えている。つまり、否定神学の頑迷な信奉者である。この点はおそらく日本人でも変わりがない。ただ、想像的な主体のイメージとして「キャラ」があるというわけだ。

もっと言えば、象徴界と想像界の結び目的な位置に「キャラ」があると考えている。これだとちょうど「対象a」の位置ということで、理論的一貫性が維持できる。これによって、たとえば心的外傷が象徴界を経て想像界に作用するとき、その作動経路がかなり異なってくるのではないか。欧米型の主体は、シニフィアンがそのままイメージ化ないし幻想化されるようなルートが優位であるとすれば、日本型の主体は、このルートのどこかに「キャラ化」の過程が介入しているように思われるのだ。

「同一性」のコンテクスト?

ここまでキャラクターの現実を眺めてきて、キャラクターの機能とは、つまるところ何なのだろうか。

一定の「人格」を表現する。特定の図像と一致する。萌えと欲望の対象となる。経済活動を活性化する。これらの特徴は、実はキャラクターの持つ機能をさまざまに記述してみせたにすぎず、定義としては十分なものではない。

僕はこの本で、キャラクターの究極の定義をずっと考えてきた。そしてようやく、一つの結論に辿り着いた。

キャラクターの定義。それは「同一性を伝達するもの」である。逆の言い方も成り立つ。同一性を伝達する存在は、すべてキャラクターである、とも。

すぐに反論されそうだ。性格とか内面はどうしたのだ、とか外見的特徴はとか。しかしご心配なく。いずれもこの「同一性」という言葉の内包に、最初からふくまれているのだから。

同人誌『漫画をめくる冒険』(ピアノ・ファイア・パブリッシング)ですぐれた検証

をして見せた批評家・泉信行は、漫画のキャラクターについて、僕とかなり近い考えを持っている。

「映画のような時間的連続を前提としない『漫画』では、コマ同士の繋がり（連続性）を保証するために、何か別の仕組みが要るようになります。その何かが無ければ、読者にも空間の見分けがつかない、とも言えます。

だから同一性を担保するために『キャラ』が必要なのではないか……？　というのが『キャラ・コマ・言葉』の分類から発想できることでした。

そこで、どうせ『コマ』の本質を突き詰めて『空間』と捉え直すのなら、『キャラ』もその本質を突き詰めて『同一性』として捉え直した方がいいのでは？　という風にも考えていけます。

（中略）

つまり『空間』と『同一性』を組み合せることによって自然と『時間と運動』も発生するのであって、あとは『言葉』が加われば、現代的な『ストーリー漫画』を成立させる条件も揃うでしょう。

この次のコマでまたこのキャラが描かれれば、それもやはり『同一物』とみなされる。ただの図像をそう認識させる仕組みが『キャラ』の性質です。（中略）整理すると『キャラ（同一性）・コマ（空間）・言葉』という並びになりますが、正確には『キャラという同一性・その同一物によって貫かれる空間（コマ）・それらに対する言葉』……という風に、後ろから前に付加されていくような補完関係も考えられるかもしれません」（「ピアノ・ファイア」http://d.hatena.ne.jp/izumino/20091016/p1）

泉の指摘は、さしあたりマンガに限ったものとなっているが、キャラ＝同一性という命題は、実際はもっと射程が深い問題だ。

それでもまだ半信半疑の人も多いだろう。そもそも「同一性」は、〝同じ対象〟ならすべてに具わっているはずの属性だ。人間だけに該当するようなものではないはずではなかったか。

それが違うのである。これが本書における最も重要な〝発見〟だ。以下に簡単に説明してみよう。

異なった場所で同型の車をみかけたとしてみよう。このとき、僕たちは「車の同一性」を認識できるだろうか。むしろ「よく似た車だな」と思うのではないか。しかし、もし異なった場所で同じ外見の人物を認識したなら、彼（女）は、ごく自然に、同一の人物とみなされるだろう。

これは僕たちの現実認識において、人間にのみ強い固有性が与えられているからだ。

哲学的な問題としては、もちろん車に限らず事物の固有性を取り扱うことは可能だ。しかし僕たちの日常においては、事物の固有性は、それが人間に関連づけられない限り、ほとんど問題にならない。言い換えるなら、個人の固有性と個人の同一性とはしばしば同義であると同時に、それは実質的には、ほぼ人間が占有する属性なのである。

ここでひとつ、基本的な指摘をしておこう。

「同一性」の認識は厳密には成立しない、ということ。まず第一に、この世界に「完全なる同一性」は存在しない。哲学的に厳密に考えるなら、そういうことになる。数学や科学といった〝ルールの下での同一性〟ならありうるが、「同一とみなすためのルール」が存在しない場所ではA＝Aの自同律すら崩壊する。たとえば統合失調症とはそうした事態だ。

そこでは「我思うゆえに我あり」という命題すらも成立しない。「思う我」と「存在する我」の間にすら、不一致が生じてしまうのだから。そこでは哲学はおろか、思考そのものが成立しない。A＝Aは哲学の基礎だ。「考える僕」と「存在する僕」が一致しているという前提がなければ、人は自分について考えることすらできない。自分について考えることができなければ、他者についてはさらに考えようがない。

僕自身の体の組成も、刻一刻と流動している以上、「僕が僕であること」を科学的に証明することはできない。指紋や虹彩のパターン？ DNA鑑定？ それは「まったく同一の指紋（DNA）を持つ人物は存在しない」という統計的事実に基づいた「同じ指紋（DNA）を持つなら同一人物」という〝お約束〟であって、哲学的な意味での同一性とは無関係だ。

繰り返そう。「何をもって同一とみなすか」というルールを設定しなければ、同一性の認知は成立しない。その上で、この世界には、僕たちがその同一性をたやすく認識できる複雑な対象と、それを認識しにくい単純な対象とがある。この区分は精神分析的、あるいはせいぜい認知心理学的なものだ。

「同一性をたやすく認識できる複雑な対象」とは、すなわち「人間」である。

僕たちは「対象恒常性」の世界を生きている。この認識はたとえば赤ん坊にはない。成長とともに学習・獲得されるのが、対象恒常性だ。

いま目の前にいるママと昨日お出かけしていたママは〝同じ〟。昨日のママは今日のママと〝同じ〟。笑っていても怒っていてもママはママ。化粧していてもすっぴんでもママは一人。対象の恒常性、すなわち同一性が、時空を超え、少々の外見的な違い（髪型、服装、年齢など）を超えて保たれるということ。この認識は徹底した人間偏重主義のもとで学習される。

この認識は、いったん成立してしまうと、あまりに自明のものとなってしまうため、むしろ説明が困難になる。差異を語る思想や哲学はいくらでもあるが、自同律の根拠を厳密に解き明かした哲学は寡聞にして知らない。いやむしろこう言うべきか。自同律には哲学的根拠がない。それは哲学の前提であって対象とはなり得ない。なぜなら自同律を懐疑し始めた瞬間に、思考そのものが不可能になるのだから。

ここまでの議論にはそれほど異論はないはずだ。問題はここから先である。

僕の考えでは、同一性とは、実は「人間」にしか該当しない概念である。ある存在が、時空を超えて同一であると認識されるためには、それが「人間」であるか、もしくは人間に関連づけられた物でなければならない。つまり「家」や「車」といったノンヒューマンな対象の同一性は、それが誰かの所有物であるとか思い出の場所であるといった属性を持たない限り、およそ意味を持たないのだ。同一性が成立しないのではなく、意味を持たないという点に注意してほしい。そうである限りにおいて、同一性とは実は「関係の連続性」でもある。ママの同一性は、僕とママの関係が連続している限りにおいて維持されるのだから。

「同一性」が実質的に人間にしか適用され得ない概念であるという「発見」が十分に理解されるには、もう少し説明が必要かもしれない。なにしろ僕自身が、このアイディアを自分で思いつき、それが真理であるという手応えを感じながらも、自分自身をすらすぐには説得できなかったのだから。

ここでもう一度、確認しておこう。「同一性」は厳密には定義づけることができない。にもかかわらず僕たちの世界には「同一性」が満ちているし、そもそも同一性がなかったら、僕たちは思考することさえできない。その「同一性」概念が、「人間」の属性の一つであり、それ以上のものではないということ。

ここまでの結論に納得ができたら、あとは比較的簡単だ。

もしキャラを記号と考えるとしたら、それは何を伝えているか。

「同一性」である。正確には「同一性のコンテクスト」である。

すべてのキャラに共通するのは「同一性」を伝達する、という機能である。この同一性は時空を越えている。時間的・空間的な差異を乗り越えて、一定の同一性を維持する存在。この点だけは、ほぼすべてのキャラにおいて共通する、潜在的かつ本質的な特徴である。キャラの機能を徹底して絞り込んでいくと、そのように結論せざるを得ない。

逆に、時空を越えて認識された同一性は、すべて「キャラ」になる。

これまでのキャラ理解は、「キャラは物語空間を易々と乗り越える」という表現にとどまっていた。しかし、それでは記述が逆になってしまう。正確には「物語空間を超越した〝強い同一性〟」がキャラなのである。もっと言えば、キャラの造形とはすなわち「時空を超越した同一性が成立するような存在を創ること」にほかならない。

キャラからみた「人間の条件」

拙著『文脈病』をお読みの方は、僕が「顔は固有性のコンテクストそのものである」と述べていたことをご記憶かもしれない。そのことに関連づけて言うなら、キャラには「顔」や「人間」と同等の「固有性」はない。重要なのは名前の同一性くらいで、それ以外の属性はかなり流動的であるためもある。

「人間」と「キャラ」の違いは、「固有性」と「同一性」の違いを考えることだ。本書のこれまでの考察で、すでにその違いは明らかになっている。主立ったものを列挙してみよう。

・キャラは交代人格（ＤＩＤ）である。
・キャラには「父の名」がない。
・キャラは記述可能な存在である。

・キャラは潜在的に複数形である。
・キャラは葛藤しない。
・キャラは成長・成熟しない。
・キャラはそれぞれ一つの想像的身体を持つ。
・キャラは固有名と匿名の中間的存在である。

見方を変えると、人格の統合性や葛藤、単独性や固有性、および記述不可能性、さらに成長や成熟の可能性こそは、キャラとは異なる「人格の深さ」であり「人間の条件」と考えることも可能だ。

ここに精神分析的な視点を追加するなら、「人間には欲望があるがキャラには欲求しかない」「人間は言葉を語り、キャラは記号を出力する」「人間とは異なり、キャラのコミュニケーションは完璧である」などのリストが付け加えられるが、それはおそらく「人間と動物の違い」の記述に限りなく近づいていくだろう。

〝同一性〟の起源

僕たちはいままで、キャラを人格ないし性格に準ずる何か、として理解しようとしていた。しかしすでに、事態は逆転し始めている。伊藤剛の区分にもとづくなら、キャラクターのエレメントとして「キャラ」があると考えられるが、「キャラの成立」と「同一性の成立」は、みてきたように相互依存的なものだ。言い換えるなら、キャラのリミットを考えることが、そのまま「同一性とは何か」という問いを考えることにつながるのだ。

この問いを考える場合に、すでに本書で指摘してきた以下の点は重要である。これらはいわば、「同一性」と「人格」に関する哲学的な断片にほかならない。

・キャラはイコン、シンボル、インデックスのいずれでもありうる。
・キャラは「非世界的存在」である。
・キャラは「文字」である。正確には「文字の幽霊」である。
・キャラにおいては意味＝内面＝図像、の一致が見られる。
・「キャラ立ち」はキャラの「ただ一つの特徴」に依存する。
・キャラには（主体のような）欠如がない。
・キャラは換喩的存在である。
・キャラの同一性を担保するのは「名前」である。

・キャラの名前以外の属性はかなり流動性が高い。

さらにキャラの造形にまで論を進めるのなら、「キャラ＝同一性」の成立において、何が技法的に重要であるかを知ることができるだろう。どちらかと言えばこれらの断片は「キャラ作りのヒント」としての比重が高い。しかし「同一性」が認識される上で「名前」や「顔（まなざし）」が決定的な意味を持っており、とりわけその二次元的な認識が鍵を握っている、との指摘は重要である。ここでは同時に「キャラ＝同一性」のコンテクストは、コミュニケーションを通じて学習されなければならないということも示唆されている。

・キャラの名前とキャラの属性は換喩的な関係にある。
・キャラ造形の基本は「名前」の換喩的な擬人化である。
・それゆえ属性の決定に命名が先行しうる。
・キャラの造形を決定づけるのは「顔」であり「まなざし」である。
・キャラは感情と物語の認識を見る者に「強制」する。
・キャラの外見＝性格は、物語の複数性を前提にしている。

・キャラの認識の背景には肖像画の技法的完成と、観相学の影響がある。
・認知フレームとしてのキャラは、意味と物語を重層的・同期的に伝達する。
・キャラは「超平面的」存在である。
・キャラ認知の基本にあるのは、コミュニケーションの集積である。
・キャラ人気を決定づけるのは、露出度と受容の文脈である。

キャラはキャラクターのエレメントであるがゆえに、いわゆる自我同一性《アイデンティティ》とは無縁である。なぜならそれは、成熟と統合の結果としてもたらされるものであるからだ。キャラにあるのは「強い同一性」である。「強い」とは「堅牢な」という意味ではない。「しなやかで強靭な同一性」という意味だ。それはキャラの属性がかなりの程度可変的・流動的であり、にもかかわらず同一性が維持されることからもうかがえる。

複数の虚構世界、複数の可能世界を生きる「キャラ」。そのよすがとなるのは萌えを誘発するビジュアルでも、際だった性格特性でも、すぐれたスペックでもない。いかなる空間でも決して破壊されることのない「強い同一性」。これこそがキャラの最大にして唯一の特性なのだ。

キャラが所属する世界もまた、キャラの属性の一部である。そう考えるなら、所属する世界が変わってもキャラの同一性が維持されるのは当然のことだ。こうした特徴をここでは「多世界同一性 Multiversal Identity」と呼ぼう。本書における多世界同一性についての記述は以下の通りだ。

・キャラは確率的存在である。
・キャラは集合的存在である。
・キャラは複製可能で転送不可能な存在である（転送=複製になってしまう）。
・キャラは複製によって、いっそうリアルになる。
・キャラは可能世界を生きる。
・キャラは反復可能な生を生きる。
・キャラは（キャラクターとは異なり）「世界」や「物語」と固有の関係を持たない。
・キャラは異世界間でも同一性を維持できる。
・キャラの認識の前提に「世界の多重化」がある。

さて、以上の前提で、東浩紀『キャラクターズ』の次の下りを読んでみよう。
「ぼくたちは、コミュニケーションの不完全性が生み出した幽霊だ。幽霊は作者とテクストのあいだだけでなく、テクストと読者のあいだにも、また読者と読者のあいだにも宿る。だからキャラクターはみな、現実のだれにも託していない手紙、現実のだれにも届けられない手紙、現実のだれにも届かないかもしれない手紙をみな抱えている。Sはそれを遺言と呼んだ」

そう、ここで新たな用語が追加された。転送不可能なキャラは、コミュニケーション・ネットワークのいたるところに複製として滞留し、オリジナルと準同一的な関係を保った「幽霊」となる。

いかなる不確実性の要素をも吸収して成立するキャラの同一性は、たしかにラカン理論の範疇を超えている。その意味では東浩紀の示唆するとおり、キャラ＝同一性＝幽霊という等号が成り立つと言いうるのかもしれない。

それ自身と同一の

この論点に基づいて、キャラの記号論をあらためて考えてみよう。ほんらい記号は、なんらかの実在物を指し示すという機能を持っている。ならばキャラは何を指し示すと言いうるのだろうか。その答えは次のようになる。

キャラは、それ自身と同一であり、それ自体を再帰的に指し示す記号であると。

ここまで読み進めてこられた人には、さほど奇異な解答とは思われないだろう。言うまでもなくキャラには実体がない。それは、あらかじめ記号的な存在だ。これが「キャラクター」であるならば、彼（女）が属している物語世界の象徴という見方も成り立つ。そう、ラスコリニコフが『罪と罰』の、アンナ・カレーニナが『アンナ・カレーニナ』の象徴、という見方だ。余談ながら、欧米の小説でキャラクターの固有名が物語のタイトルになることが多いのは、キャラクター＝物語という「縛り」が伝統的に強いためかもしれない。

しかし、すでに繰り返し述べてきたとおり、キャラと世界の間のつながりは比較的緩い。つまりキャラが単一の虚構世界を象徴していると言うには、キャラの所属は多様すぎる。だとすれば「キャラ」は、常に「それ自体に一致する記号」として、ひたすら「同一性」だけを伝達する機能を担うことになるだろう。

こうしたキャラの「対象恒常性」は、おそらく発達の最初期に獲得されることになるだろう。

たとえばメラニー・クラインのいわゆる「良い乳房」と「悪い乳房」が、それぞれ別のキャラとして認識されている可能性もある。いや、そもそも僕たちが、そういった二つ以上のキャラをいかに統合して高次の同一性を認識するに至っているのかは、まったく未知の領域だ。

第7章において、僕は初音ミクの派生キャラを例に取り、キャラの同一性における「名前」の重要性を指摘した。これら、名前も外見も少しずつ異なっているキャラたちをつなぐ緩やかな同一性、準同一性とでも言うべき同一性は、すでに検証してきたように、換喩的な連続性で保証されている。

あるいは、どれほど激しい変形をこうむっても「ＤＯＢ君」の同一性が破壊されなかったのは、村上作品というコンテクストの同一性と、換喩的な連続性が維持されていたからだ。

いや、むしろこう言うべきなのかもしれない。僕たちがキャラを認識するのは、同一性そのものの認識のためではない。むしろ、キャラとその同一性を支えるコンテクストの双方を同時に受け取ること。そうであるならキャラのリアリティとは、キャラの安定した同一性を破壊しかねないような差異化のプロセスに、つねに晒され続ける点にあるのかもしれない。

キャラか、あるいは人間か

本書で繰り返し引用してきた東浩紀による議論は、つまるところ「人間」を「キャラ」に近づける、あるいは同一視することに照準して展開されているように思われる。

最初期の「ソルジェニーツィン試論」から、小説『クォンタム・ファミリーズ』に至るまで、彼の関心は一貫して「確率的」な実存の問題へ、あるいは可能世界ないしパラレル・ワールド的な多世界解釈を前提とした「動物化」へと向けられている。

たとえばアウシュヴィッツの悲劇について、東は次のように述べている。

「あるひとは生き残り、あるひとは生き残らなかった。ただそれだけであり、そこにはいかなる必然性もない。そこでは『あるひと』が固有名を持たない。真に恐ろしいのはおそらくはこの偶然性、伝達経路の確率的性質ではないだろうか。ハンスが殺されたことが悲劇なのではない。むしろハンスでも誰でもよかったこと、つまりハンスが殺されなかったかも知れないことこそが悲劇なのだ。リオタールとボルタンスキーによる喪の作業は、固有名を絶対化することでその恐ろしさを避けている」（『存在論的、郵便的』）

この問題意識は、美少女ゲームなどのサブカルチャーを語る場合にも、まったくぶれていない。

「ぼくの考えでは、もともとマルチエンディング・ノベルゲームでは（そして本当は、ぼくたちが生きているこのリアルな世界においても）、『トゥルー』エンドなどというものはありえない。渚と汐を失った人生も、渚と汐と幸福な家庭を築き上げた人生も、ともに朋也にとっては真実でしかありえない。不幸な人生にも幸福な人生が可能性の芽としては畳み込まれており、またその逆もある、というのがマルチエンディング・ノベルゲームが提示する世界観なのであり、それは原理的に、『主人公が努力すれば幸せを摑むことができる』という通常の物語とは異質なものです。（中略）汐はCLANNADでは、救われていると同時に救われていない。そんな両義性こそが、美少女ゲームの魅力の核心ではないでしょうか」（東浩紀「渦状言論はてな避難版」http://d.hatena.ne.jp/hazuma/20090317/1237217360）

以上の議論は、ハンスをキャラとみなさなければ相互に矛盾をきたしかねない。人間は一度しか生きられないが、キャラは何度でも生きられる、といった反論は意味をなさない。そのことをふまえたうえで、次に進もう。

確かに、ここにも「キャラの擁護」は一貫して認められる。固有性と匿名性の中間を、確率的に生きるキャラの存在。しかしすでにＤＩＤの臨床を経た僕たちは、その生を無条件に肯定することはもはやできない。

欲求に従い、確率に晒されつつ生きる「キャラ」たちの動物的な生を肯定するか。成熟の可能性を「キャラ」の統合に賭け、固有の生を生きる「人間」の回復を待望すない。

るか。

僕の答えはもうおわかりだろう。「人間」の優位は変わらない。それはなにも精神科医として、あるいは精神分析に依拠するものとしての「公式見解」という意味ではない。

第2章で引用した哲学者、ウォーコップの言葉を借りるなら、これは「パターン」の問題とも言える。対象が存在するなら主体は必ずそれに先だって存在する、というあの理論だ。

彼のその理論に倣うなら、僕がここでいう「優位」とは、「人間」が「キャラ」に論理必然的に先行する、というほどの意味である。このパターンはさしあたり、いかなる人間中心主義とも関係がない。では、なぜそのように言いうるのか。

その答えは、まさに「同一性」にかかわってくる。

僕は本書で「キャラ＝同一性」という定義を「発見」した。と同時に「同一性」概念が、常にすでに「人間」において根拠づけられているという仮説を提示した。そのいずれもが真であるなら、あらゆる「キャラ」は、その存在を全面的に「人間」に依拠することになる。

別の言い方をするなら、「人間」なくして「キャラ」はありえないが、「キャラ」なしでも「人間」は成立するのだ。つまり、社会や時代といった「環境」のいかんにかかわらず、「人間」は常に「キャラ」の上位概念として要請されるのである。

このように考えるなら、「固有名」ないし「固有性」の位置も自ずから定まってくるだろう。知られるとおり、これらについては、――それがあらかじめはらんでしまう「剰余」ゆえに？――いずれも確定記述が不可能とされている。しかし、あらゆる「固有名」が要請する要素が少なくとも二つある。一つは「単独性」、もう一つが「同一性」だ。

いかに特権的な固有名といえども、その「同一性」を再認されない限り、存在しないも同然である。しかしまた、その「単独性」が失われてしまったら、オリジナルとコピーの区別、固有名詞と一般名詞の区別も存在しないことになり、固有名の固有性は損なわれてしまうだろう。

それゆえ、さらに推論を推し進めるなら、次のようにも考えられる。「固有名」から「単独性」を差し引いたものが「同一性」なのではないか（このとき「剰余」は、「単独性」と「同一性」の双方に、それぞれ異なった形式で宿ることになるのだが、今はそちらには深入りしない）。重要なことは、「人間」－「単独性」＝「同一性」（＝「キャラ」）という等式の成立可能性についてである。

少なくともＤＩＤに関してなら、この等式は成り立つだろう。（見かけ上）人格の単独性を失った人間は、複数の「同一性」（＝「キャラ」）に分解してしまうのだから。このあたりを詳細に検証する余裕はもはやないが、少なくとも臨床の側からは、僕の仮説の正当性は支持されるわけだ。

そしてこの仮説に依拠するならば、やはり「キャラ」は「人間」のサブカテゴリーであり、下位概念ということになる。もう一度念を押しておくが、これは価値判断の問題ではなく、臨床的、あるいは集合論的な判断である。

この立場に立って考えるなら、たとえば「人間かキャラか」という問いは「偽の問題」ということになる。「キャラ」が常に「人間」に含まれる以上、いずれを選んでも僕たちは「人間」を選んでいることになるのだから。

かくして僕たちは、「キャラ」をめぐる長い旅を経て、ふたたび「人間」に戻ってきた。そのうえで今言いうることは、「人間」のサブカテゴリーとしての「キャラ」を深く知ることは、「固有性」や「同一性」が何であるかという哲学的な問いを問うことにほかならない、ということだ。そうした迂回路を経るたびに、僕たちの「人間」観は、繰り返し更新されることになるだろう。

「同一性のエレメント」としての「キャラ」を理解すること。僕の次なる関心は、

「強い同一性」という視点から「キャラ（＝幽霊）」のための新たな倫理観を模索することだ。この先には虚構における固有性から「人間」の条件に至る哲学的問題、著作権から表現規制に至るまでの法的問題、あるいは創造と環境にかかわる批評的問題といった無数のテーマが潜在している。かなうことなら僕の問題意識が広く共有され、若い世代によって批判的に継承されることを願う。

参考文献

東浩紀　『存在論的、郵便的』新潮社、一九九八年
――――『動物化するポストモダン』講談社現代新書、二〇〇一年
――――「ライトノベルという驚き」『論座』二〇〇六年八月号
――――『ゲーム的リアリズムの誕生』講談社現代新書、二〇〇七年
――――「スーパーフラットで思弁する」『文学環境論集L』講談社、二〇〇七年
東浩紀・桜坂洋『キャラクターズ』新潮社、二〇〇八年
東浩紀×前田塁「父殺しの喪失、母萌えの過剰」『ユリイカ』二〇〇八年一〇月号
泉信行「ピアノ・ファイア」http://d.hatena.ne.jp/izumino/20091016/p1
伊藤剛『テヅカ・イズ・デッド』NTT出版、二〇〇五年
伊藤弘インタビュー「ホットワイアード・ジャパン」
http://www.hotwired.co.jp/clickart/interview/990324/textonly.html
大塚英志『キャラクター小説の作り方』講談社現代新書、二〇〇三年
――――『物語の体操』朝日文庫、二〇〇三年
――――『アトムの命題』角川文庫、二〇〇九年
岡崎乾二郎『芸術の設計』フィルムアート社、二〇〇七年
荻上チキ『ネットいじめ』PHP新書、二〇〇八年

小田切博『キャラクターとは何か』ちくま新書、二〇一〇年
木堂椎『りはめより100倍恐ろしい』角川書店、二〇〇六年
斎藤環『若者のすべて』PHPエディターズ・グループ、二〇〇一年
――『「負けた」教の信者たち』中公新書ラクレ、二〇〇五年
――『戦闘美少女の精神分析』ちくま文庫、二〇〇六年
――「多重人格のプロクセミックス」『身体をめぐるレッスン1』岩波書店、二〇〇六年
――『文学の断層』朝日新聞出版、二〇〇八年
――『心理学化する社会』河出文庫、二〇〇九年
――『関係の化学としての文学』新潮社、二〇〇九年
――「ラメラスケイプ、あるいは『身体』の喪失」『思想地図 vol.4』NHK出版、二〇〇九年
ササキバラ・ゴウ『〈美少女〉の現代史』講談社現代新書、二〇〇四年
白岩玄『野ブタ。をプロデュース』河出書房新社、二〇〇四年
新城カズマ『ライトノベル「超」入門』ソフトバンク新書、二〇〇六年
清涼院流水『コズミック――世紀末探偵神話』講談社、一九九六年
清涼院流水スーパーインタビュー『ファウスト Vol.1』二〇〇四年
瀬沼文彰『キャラ論』STUDIO　CELLO、二〇〇七年
竹熊健太郎・夏目房之介ほか『別冊宝島EX マンガの読み方』宝島社、一九九五年
土井隆義『キャラ化する／される子どもたち』岩波ブックレット、二〇〇九年

内藤朝雄　『いじめの社会理論』柏書房、二〇〇一年
西尾維新　『新本格魔法少女りすか』講談社、二〇〇四年
――――　『ニンギョウがニンギョウ』講談社、二〇〇五年
西尾維新インタビュー『季刊 Comickers 二〇〇三秋号』美術出版社
西尾維新インタビュー『ミステリー迷宮読本』洋泉社、二〇〇三年
西尾維新インタビュー『波状言論』二〇〇四年一月B号
西尾維新インタビュー「王道を逆立ちして行く」『ユリイカ』二〇〇四年九月増刊「総特集　西尾維新」
西尾維新インタビュー『活字倶楽部』二〇〇四年冬号
橋本英治ほか「観相学的断片、あるいは、キャラクターの同定への試論」『神戸芸術工科大学紀要「芸術工学2009」』所収
濱野智史　『アーキテクチャの生態系』NTT出版、二〇〇八年
三並夏　『平成マシンガンズ』河出書房新社、二〇〇五年
宮台真司　『増補　サブカルチャー神話解体』ちくま文庫、二〇〇七年
宮本大人　「漫画においてキャラクターが『立つ』とはどういうことか」『日本児童文学』四九巻二号、二〇〇三年
森川嘉一郎　『趣都の誕生』幻冬舎、二〇〇三年
森口朗　『いじめの構造』新潮新書、二〇〇七年
安永浩　『「宗教・多重人格・分裂病」その他4章』星和書店、二〇〇三年

米盛裕二『パースの記号学』勁草書房、一九九五年
四方田犬彦『「かわいい」論』ちくま新書、二〇〇六年

『漫画原論』ちくま学芸文庫、一九九九年
TINAMIX INTERVIEW SPECIAL 阿部和重×砂 司会：東浩紀「車から老いへ」http://www.tinami.com/x/interview/03/page9.html
グルンステン、ティエリ『線が顔になるとき』古永真一訳、人文書院、二〇〇八年
ダーリング、マイケル「過去＋現在＝未来」『村上隆作品集 召喚するかドアを開けるか回復するか全滅するか』カイカイキキ、二〇〇一年
パトナム、F・W『解離』中井久夫訳、みすず書房、二〇〇一年
ハヤカワ、S・I『思考と行動における言語』大久保忠利訳、岩波書店、一九八五年
プリンス、モートン『失われた〈私〉を求めて』児玉憲典訳、学樹書院、一九九四年
ホール、エドワード・T『文化を超えて』岩田慶治・谷泰訳、TBSブリタニカ、一九七九年

『かくれた次元』岩田慶治・谷泰訳、みすず書房、一九九三年
ホックニー、デイヴィッド『秘密の知識――巨匠も用いた知られざる技術の解明』木下哲夫訳、青幻舎、二〇〇六年
マクラウド、スコット『マンガ学』岡田斗司夫訳、美術出版社、一九九八年

あとがき

本書はまれにみる難産の産物である。

再校のゲラをバイク便に手渡してから、ふと思い立ってパソコンのメールボックスを確認してみた。この本の編集を担当してくれた筑摩書房の石島さんから、キャラクター本の企画を打診するメールを受け取ったのは、なんと二〇〇三年六月のことだった。われながらあきれた話ではあるが、本書は完成までに八年近い歳月を要したことになる。

勤務医のかたわら副業で文章を書いている僕は、書き下ろしというものがたいへん苦手だ。いままで結構な数の本を出してきたけれど、書き下ろしのものについては、平均して二～三年はかかっている。

それにしても、八年はいかにも長すぎる。もちろんその間、ずっと書き続けてきたわけではなく、実質的にはほとんどの文章がこの二年以内に書かれてはいるのだが。

あえて言い訳をするなら、これだけ長期間を要したことには、それなりに意味があったように思う。執筆そのものはともかく、この八年というもの、僕はずっと折に触れて「キャラクターとは何か」を考え続けていた。僕の好きなアリストパネスの比喩で言えば、紐を付けた甲虫のように、この問いを頭のまわりで飛び回らせておいた、というわけだ。

しかし考えてみれば、僕がキャラクターについて考えるようになったのは、さらに以前に遡る。本書でもその一部を紹介した「CPM：キャラ化された精神分析的基体」のアイディアについて雑誌に書いたのは、確か一九九九年のことだ（『若者のすべて』PHPエディターズ・グループ所収）。

あるいは、二〇〇〇年に出版された『戦闘美少女の精神分析』（太田出版）にしても、ほぼ日本固有のキャラクターである戦闘美少女がいかにして成立したかを精神分析的に検討した本だった。

その後も、この本がきっかけとなって東浩紀氏らとコラボレーションをしたり、ゲーム雑誌で一〇年以上もサブカル時評の連載を続けたりしている。思い返せば僕はずっと、サブカルチャー、すなわちキャラの領分とつかず離れずの関係にあったのだ。

それればかりではない。副業の気楽さで、面白そうな依頼は節操なく引き受けてしまう僕は、これまで文芸批評や美術批評にも浅からぬかかわりをもってきた。いずれもサブカルチャーとの融合が近年めざましい領域だ。ここでも僕は繰り返しキャラクターの問題を取り上げることになる。

こうしてみると本書の位置づけは、この一〇年余りの期間、僕が「キャラクター」について考え続けてきたことの総決算ということになる。もし僕がもっと勤勉で、依頼を受けて二、三年以内にこの本を完成させていたら、内容的にはずっと幅の狭いものになっていただろう。

とりわけ本書の中核的アイディアとも言える「キャラ＝同一性」の発想は、ごく最近になって「降りてきた」ものだ。この発想にしても、伊藤剛氏から暮沢剛巳氏の著作に至るまで、近年次々に出版された「キャラクター本」に触発されずにはありえなかった。

担当編集の石島氏にはまことに申し訳なかったが、個人的には、ベストのタイミングで本書が出版できた幸運を噛みしめている。

最後にいくつかの謝辞を述べて、本書の締めくくりとしておこう。

まずは東浩紀氏に。最終章では批判的なトーンで引用させてもらったものの、これは東氏の「データベース理論」が、現在のキャラクター分析において圧倒的な影響力を持っているという〝状況〟をふまえての批判である。

東氏と僕は、ほぼ同じ対象――それこそ「キャラクター」から「精神分析」、「ベーシック・インカム」に至るまで――に関心を向けながら、そこから常に相反する解釈を導き出すという関係にあり、その発言からは常に刺激を受け続けてきた。本書に関連して氏と直接のやりとりがあったわけではないが、その「存在」に感謝したい。

村上隆氏に。二〇一〇年一二月、朝日カルチャー新宿の企画で、僕は村上氏とトークイベントを行った。イベントの準備として、氏の近著『芸術闘争論』（幻冬舎）はもちろん、氏のこれまでの仕事をおさらいしながら、あらためて現代美術界における「村上隆」の存在の特異性に気付かされた。

巨大な存在は、まさにその巨大さゆえに、その特異性が隠蔽されてしまうことがある。村上氏は、自身の評価はもはや歴史の審判にゆだねようとしているようだが、僕は本書でも述べたように、「スーパーフラット」概念を「キャラ」という視点からさらにアップデートできると考えている。イベントでの発言にも、おおいに触発された。ここに記して感謝したい。

最後に、編集を担当していただいた石島裕之氏に。八年間、お待たせしました。通常ならフェードアウトしてもおかしくない企画の実現を粘り強く待ち続けていただいた姿勢には、本当に頭が下がります。連載や単発で書いた私の原稿もまめにチェックしては的確な感想メールをいただくなど、大いに励まされました。終盤の追い込みはいささかきついものもありましたが、おかげさまで、なんとか納得のいく形になりました。本当にありがとうございました。

二〇一一年二月二六日　中軽井沢にて

斎藤　環

文庫版のためのあとがき

本書が出版されたのは二〇一一年三月。そう、あの大震災のあった月でした。この年は震災ショックや自宅が軽微ながら被災したこともあって、単著は二冊しか出せませんでした。割に節操なく本を出し続けている私にとって、この出版点数はかなり少ないほうだったのです。

ただし本書の「あとがき」にも書いたように、本書は完成までにかなりの期間を要しています。それだけに私としては愛着のある本だったのですが、残念ながら期待したほどは広く読まれなかったようです。

繰り返しになりますが、本書は、私の中では「会心」の著作といえます。とりわけ「キャラとは同一性（だけ）を伝達する記号」という定義は「自信作」です。教室で使われる「キャラ」、お笑い芸人の「キャラ」、サンリオやゆるキャラなどの「キャラ」、そして漫画やアニメなどフィクションの中の「キャラ」。本書では、これら別個に扱われることの多いキャラ概念全体に適用可能な、いわば〝キャラの統一場理論〟

を目指しました。この定義こそは、この理論の中核的アイディアとして位置づけられるものです。

このアイディアについてのまとまった批判や反論をまだ目にしたことはありませんが、それは単に読まれていないせいなのか、定義が完璧すぎてむしろどうでもよくなってしまったせいなのか、今一つわかりません。文庫版はもう少し広く読まれることを目指しているので、これから本格的な批評や反論があらわれることを期待しています。

さて、この文庫版あとがきでは、本書の単行本が出版されて以降のできごとや、私の心境の変化などについて、少しばかり記しておこうと思います。まず特筆しておきたいのは、本書を巡る東浩紀氏との対談が、二〇一一年四月に行われたことです。この対談は「いま、『キャラクターと日本人』を考える」というタイトルで、ニコニコ生放送で配信されました。

本書の企ての一つは、東浩紀氏のデータベース理論の批判的乗り越えでした。本文にも記したように、東氏のデータベース理論はゼロ年代のサブカルチャーに大きな影響を与えました。その意義については本文に記したとおりですし、旧来のリミックスやシミュラークルとは異なる視点を導入した点については、今でも大いに評価しています。その上で、やはり創造の営みにおいてはデータベースだけでは立ちゆかない、ということを指摘したかったのです。

しかし、震災直後と言って良いこの時期は、どうにもタイミングが悪かった。東氏には対談を快諾してもらえたのですが、残念ながら当日はほとんど本書の内容や主張については触れられず、もっぱら彼の震災後の心境の変化に話題が終始してしまいました。当時の状況を考えればやむを得ないことではありましたし、それが不満なら私がうまく仕切ればよかったのですが、私もあえて話題を戻すことはしませんでした。なので、今更そのことをどうこう言うつもりはありません。しかし対談後も、本書での「批判」に対する東氏の応答がなかったことへの一抹の寂しさは禁じえませんでした。

「人間」を縮減することで「キャラ」は作られますが、その逆は不可能です。「キャラ」を合成したり増幅したりしても「人間」にはならない。その意味で「人間」は「キャラ」の上位概念です。キャラとは同一性を伝達する記号、という定義には、そうした前提もあります。

それゆえキャラの創造には「データベース」概念は比喩的な意味でも不適当です。事後的に情報が書き換えられたり構造が上書きされたりする可能性を持つ「アーカイブ（デリダ）」概念のほうが比喩として適切でしょう。おわかりの通り、この論議は東浩紀氏による固有性批判と、私による固有性擁護という対立に行き着くものです。

東氏の最近の著作『弱いつながり』（幻冬舎）などを読むと、それでも彼がかなり丸くなりつつあるのかな、とも思えます。この本は一言で言えば「観光の勧め」です。ノイズなきサイバー空間と、ノイズだらけの「現場」との往還。人間は確率的存在に過ぎない、という思想は彼の中で依然揺るぎないものですが、旅人になることで固有性をエミュレートしてみよう、という人生論とも読めます。本書との関連で言えば、キャラを降りてキャラクターになってみよう、という感じでしょうか。

話変わって、震災後の作品として私が個人的に注目していたのは「ガールズ＆パンツァー」（以下「ガルパン」）と「魔法少女まどか☆マギカ」（以下「まどマギ」）です。この二つの作品は、私による「戦闘美少女」論と「キャラ」論の二つの視点から観ても興味深いものです。

私が住む水戸市に隣接する大洗町を舞台とするアニメ作品「ガルパン」は、大洗の町おこしに大いに貢献したことでも知られています。今も大洗町のいたるところにキャラの看板があり、鹿島臨海鉄道では「ガルパン」仕様のラッピング列車が快調に走っています。

「ガルパン」は、いわば「戦車の擬人化」です。女子高生が「戦車道」を競い合うというとんでもない設定にはじまり、現実にはまずあり得ない戦車同士の追っかけっこや直接対決が繰り返し描かれています。あれも擬人化ならではのゲームでしょう。そのぶん咽喉マイクを介しての会話や、キャタピラと装甲がこすれあって生じる火花、戦車の重量表現など、細部の考証がすばらしい。「ありえないものをリアルに描く」という戦車愛あふれる作品です。

ビキニアーマーに剣や重火器、が80年代的な戦闘美少女だとすれば、時代はどんどん「擬人化」に近づくかのようです。例えば「ストライクウィッチーズ」は戦闘機の萌え擬人化、「うぽって!!」は銃器の女の子の学園モノ、ほかにもMS少女、メカ少女、機娘、などなどがあり、その究極は最近の人気ゲーム「艦隊これくしょん」ということになるでしょう。

「艦これ」については、さしあたり〝AKB48のキャラ消費モデルがブラウザゲームにフィードバックされた作品〟という見方をしていますが、ろくにゲームをやらずに作品を語るのはあまり好ましくないのでここまでにしておきます。

「ガルパン」という作品は、戦闘美少女キャラを消費する欲求の一つとして「スペックを語り合う歓び」に気づかせてくれました。戦車のスペックを語り合う楽しさと、萌えを語る楽しさはけっこう近い。おそらく「萌え」というのは「説明可能な愛」なのでしょう。一般に愛は説明不可能な感情とされることが多いわけですが、萌えの喜びはその対極にある。

「薄い眼をしたヤンデレ気味のヒロインの腹筋が素晴らしい」とか「眼鏡でツンデレで委員長な幼馴染とかチート過ぎ」といった萌え語りは、「ティーガー戦車の魅力は欠陥品スレスレの過剰さ」とか「90式戦車は水冷2サイクルV型10気筒ターボエンジンの音に萌える」みたいなスペック語りの歓びと明らかに通底しています。この〝語れる〟という部分が、「聖地」との相性の良さにもつながっているのかもしれません。

「まどマギ」に関しては、ユリイカでの論考にも書きましたが、これほど「キャラ」について意識的な魔法少女モノは空前だったように思います。最近では「エヴァンゲリオン」に匹敵するほどの人気作品ですから、解説は不要でしょう。本作は、いわば全く新しい「夢オチ」の形式を生み出したという点で画期的な作品でした。

ヒロイン・まどかが最後に捧げる祈りは「全ての魔女を生まれる前に消し去りたい。すべての宇宙、過去と未来の全ての魔女を、この手で」というものでした。これは魔女化のエネルギーに依存した世界の設定そのものを改変してしまう祈りであると同時に、過去と未来、そしてあらゆる並行世界から、「鹿目まどかというキャラ」を抹消する行為でもあります。

キャラの消滅は、死よりも恐ろしいものです。単なる「死」ならば別の時間、別の並行世界でそれを免れる〝可能性〟がまだ残されます。しかし「キャラの消滅」は、そうしたあらゆる可能性すらも封じてしまう究極の排除です。

物語最大のパラドックス、すなわち「世界設定を改変するほどの祈り」をかなえる代償として、キャラとしてのまどかが実質的な自殺を選択するということ。あえて「自殺」と呼ぶのは、その願いが叶えられれば、魔女化の過程に向かうはずだったまどか自身も、その自己言及的な祈りの効果によって抹消されてしまうからです。「いかなる世界においても同一性を保持すること」というキャラの特性に自覚的なキャラは、彼女がはじめてでしょう。キャラの自己犠牲はその意味ではあまり意味を持ちませんが、世界設定の改変が、ひとつのキャラの消滅という代償を支払うことで成立するという発見は、「整合性のある夢オチ」としても秀逸なものでした。

ここには「確率的存在」に限定されない「キャラの固有性」の問題が潜んでいますが、今はここまでにしておきます。いずれにせよ、キャラの意義を考える上でも、「まどマギ」が最重要作品であることは間違いありません。

最後のもうひとつ、別の「作品」にふれて、この長いあとがきを締めくくろうと思います。

船橋に勤務先がある人間として、どうしても無視できないのは、ゆるキャラ「ふなっしー」の存在です。千葉県船橋市の非公認ゆるキャラとして、いまや誰もが知る存在ですが、もとは二〇一一年一一月に、一人の船橋市民が個人的に始めたゆるキャラとのことです。船橋名産の「梨」をモチーフにしたキャラで、両親は普通の梨の木、兄弟は二七四体、ふなっしーは四男で二〇〇〇年に一度だけ現れる「梨の妖精」である由。

このキャラには、従来のゆるキャラにはないいくつかの興味深い特徴があります。まず第一に、インディーズ系であること。もっと言えばアウトサイダー・アート系でもあります。常時上目遣いで、汚れた人間界を見てきたために白目が灰色になっている等々、愛らしさに込められた一抹の狂気こそが、その人気の中核にあることは間違いありません。

くわえて「彼」は、複製も転送もできません。通常キャラは着ぐるみなので、「中の人」は取り替え可能なのですが、「ふなっしー」は「中の人」が独特の裏声で喋りまくります。加えて、二段ジャンプや回転跳び、ヘッドバンギングなど激しく俊敏な動作が特徴的であり、「中の人」と一体のキャラなのです。これはつまり、キャラのくせに固有性を兼ね備えている、という意味で、ゆるキャラはおろかキャラの臨界ぎりぎりともいえる存在なのです。「ふなっしー」については、将来うんとヒマだったらさらに考察を深める予定ですが、「鹿目まどか」とともに、震災後に登場したキャラの中では最重要とも言える存在ではないか、と私は考えています。

今回の文庫化に際しては、単行本化にも尽力していただいた石島裕之さんにご尽力いただきました。記して感謝いたします。くわえて、今後のキャラ論に向けてさらに著者の背中を押すような格調高い解説を提供していただいた岡﨑乾二郎氏、素晴らしく魅力的な美少女キャラ作品を描いてくださったＪＮＴＨＥＤ氏、全体を見事なデザインで統一してくださった木庭貴信氏に感謝いたします。

二〇一四年一〇月九日　水戸市百合が丘にて

斎藤　環

解説　「キャラクター」という能力

岡﨑乾二郎

1

いま学校の教室で起こっていること。いわばキャラによる専制支配＝スクールカースト。この本の冒頭に記述されている事態は実際の事なのだろうか。まずは驚いてもらいたい。「実際そういうものだ」と言わないでほしい。この本は世間で起こっている事象を追認するために書かれているわけではない。そんな（斎藤環のよく使う言葉でいえば）「再帰的」な解釈を受け入れず、別の解を与え、世界に投げ返すことがこの本の意義である。

冒頭の教室の記述を読んで、筆者は自分に関わりあるデザイン史で語られる次のような出来事を思い浮かべた。

十九世紀にデザインは大きな変質を迎えた。生産者から見て、商品が流通する市場が飛躍的に拡大したのである。反対に消費者から見ればアクセスできる商品の種類が飛躍的に拡大した。商品の数々を分類、掲載したカタログ文化が花盛りになった。消費者として圧倒的に増えた情報に比べて、一労働者に立ち返れば労働の範囲は著しく限られている。いや近代的な分業の結果、労働の関わる範囲はむしろ限定され単純反復が強いられるようになった。こうした状況で労働者が自己表現でき、またそれに対する他者からの応答を通し自己確認できる術はただ商品を選び購入することだった。商品は傾向に合わせて分類され、その傾向は様式と呼ばれ、選び取る能力は趣味と呼ばれ、個々人に属性として備わっているものとされた。いうまでもないが、あらかじめ個々人の趣味があるのではない。商品として分類された様式が、それを選んだ個人の趣味、属性を決めるのである。

「キャラ」とはどうやら代理的な存在である。十九世紀的な議論でいえば「キャラ」は内包としては趣味であり外延としては商品の様式である。外延すなわち商品なしに趣味はありえず、一方で「個人の能力として趣味を持つ」とは外延である商品と内包である趣味を一致させることを規範とする。すなわち趣味によって個人それ自体の人格も商品同様に規範化、様式化されることになる。

おそらく「キャラ」はこのように発生した。それは個性を位置づけることのできる商品秩序なのだ。第一章で斎藤環が記述する教室の生徒たちは、まるでコンビニの陳列棚に並べられる商品を思わせる。スペースに限りのある商品棚に留まろうとする商品たちの争いは激烈であることは知られている。その冷酷な競合原則をコンビニカーストと呼ぶならば、学校で起こっているのがスクールカーストであることもよく理解できる。

趣味は所詮、商品に規定されている。ゆえに趣味は容易に社会に対応するための術にもなる。だが趣味判断と呼ばれるものはそれでしかないのか。カテゴライズされた商品に規定されない判断こそが趣味判断の可能性だったのではないか。十九世紀にはこうした議論があった。

たとえば建築において個性あふれるさまざまなタイプ、様式の建築がカタログ化され、それを選ぶことが住み手の個性の表現になった。がここには明らかにトリックがある。まず人は同時に二つ以上の家に（買うことができても）住むことはできない。外見は同じ家（たとえば団地）でも住み手は必ず自分の住む家に、かけがえのない固有性を見いだす（そうでないと家に戻れない）。

建築家はいかなる家でも何万通りもの様式のパターンとして描きわけることができるが、である限りはクライアントにこの家があなたにしかふさわしくない、かけがえのない家であることを説得できない（つまり売れない）。どうすればそれを説得できるのか。この固有性を十九世紀のイギリスでは「キャラクター」といった（詳しくはコーリン・ロウ「固有性と構成―あるいは十九世紀における建築言語の変遷」『マニエリスムと近代建築』彰国社 所収）。

「キャラクター」は決して、カタログに登録することはできないし、図面上にもうまく表すことはできない。なぜならばそれは対象ではなく、家が実際の環境に建てられ、住み手が住むという行為（その堆積としての時間）を含むコンテキストにこそ関わるからだ。面白いのは、にもかかわらず、この時間を含んだコンテキストが発生する前に、その「キャラクター」が把握されてしまう、ということである（でないと家を買うという決断は実行されないし、家に住むという行為ははじまらない）。「キャラクター」という概念には、このように事後的に発生するだろう時間や経験があらかじめ織り込まれていた。

2

おそらく読者にとって、この本に咀嚼しがたさ、があるとすれば『キャラクターの精神分析』というタイトルでありつつも、斎藤が「キャラ」と「キャラクター」を弁別し、おおよそ「キャラ」についての分析に終始していることにあるだろう。なぜならば「キャラクター」とは厳密に分化している「キャラ」こそ、日本の精神風土の特性を示していると斎藤が考えるからである。とすれば「キャラ文化」は『日本』というコンテキストにだけ拘束された、いわば日本という特殊性＝「キャラクター」に依存し、そこに内閉しているものだということにもなろう。

斎藤はこの本で「キャラ」を解離性同一性障害における交代人格に対応させている。その理論の詳細は第二章や第九章に明らかだが、本書を読むために筆者が引いた補助線をあえて記せば、交代人格は時間を持たない（包摂しえない）ということにつきるように思える。

時間を持たない限り複数の「キャラ」をまとうことも可能であるし、それらの記述されうる属性も変わることはない。だから「キャラ」は何度でも同一のまま反復可能である。また、その「キャラ」との関係もこれから関わる、関わったという時制に関わらず常に現在として再生されうるということだろう。反対にその同一性ある反復のルールが破壊されたとき、たとえば教室の子供が自分に割り振られた「キャラ」から逸脱したとき、つまり不可逆な時間が導入されたとき、いじめが発生することにもなる。

斎藤はゆえに「キャラ」は反省せず成長もしないという。こうした性格により「キャラ」はもとよりひとつではなく、つねに他の複数の「キャラ」を潜在させている。

というよりも複数のキャラが棲み分けられ秩序づけられた場が先にあるということだ。たとえ複数の「キャラ」への交代可能性が確保されていたとしても、そのひとつなる秩序に「キャラ」たちは結局のところ依存し、そこから出ることはできない。それは決して虚構ではなく、むしろ一つの現実であり政治的秩序である。斎藤が欧米のカートゥーンのキャラクターが現実とは離れた、自律した虚構空間を持つのに対して、日本のマンガは虚構の形式として（自律しきれず）、現実と不安定な関係をもっている（現実との関係が切れない）と書くのは、おそらくそれを意味している。が、その現実はおそろしくハイコンテキストな場所すなわち鬱陶しいほど冗長（リダンダント）にルールが重ね合わされた場所なのである。つまり、その場は一つのコンテキストとして閉じている。

3

対して「キャラクター」は場所に依存せず、自ら独自のコンテキストを内包させ生成させる能力をもつ。虚構の力だ。既存の秩序の束縛から離れている。ローコンテキストである。そして固有の空間を備えるがゆえにどこにでも転送できる。一方「キャラ」は転送ができない。転送されれば別のもの、複製物になってしまう。つまり異なる空間あるいは異なる時間を結びつける持続が成立しない。

斎藤はひとつの結論としてこう書く。〈「人間」なくして「キャラ」はありえないが「キャラ」なしでも「人間」は存在する〜「人間」は「キャラ」の上位概念なのだ〉。この言葉は思いがけないものに聞こえるかもしれない。が、本書を注意深く読めば、ここで斎藤が「人間」といっているものの条件が、自律したコンテキスト—虚構空間を作り出す力を持ち、それを内在化するもの。すなわち単独で「キャラクター」として立ちうるものを意味していることがわかるだろう（筆者にはそうとしか読めなかった）。これは一つの「芸術作品であれ！」というように近しい。あるいは「超人であれ！」ということにも似ている。

したがって斎藤のこのテーゼは以下のようにも言い換えられよう、〈「芸術」なくして「キャラ」はありえないが「キャラ」なしでも「芸術」は存在する、つまり「芸術」は「キャラ」の上位概念なのだ〉。もちろん芸術であること、人間であることの条件は「火あぶりにされようが溺れようが爆破されようが、次のコマでは元気に走り回っている」（本書）という、不可能性に生を賭ける権利にある。

建築家も芸術家もこのように作品を作らなければいけない。自戒を込めて筆者はそう考えた。

本書は二〇一一年三月、筑摩書房双書Ｚｅｒｏより刊行された。

ねにもつタイプ　岸本佐知子
何となく気になることにこだわる、ねにもつ。思索、奇想、妄想はばたく脳内ワールドをリズミカルな名短文でつづる。第23回講談社エッセイ賞受賞。

TOKYO STYLE　都築響一
小さい部屋が、わが宇宙。ごちゃごちゃと、しかし快適に暮らす、僕らの本当のトウキョウ・スタイルはこんなものだ！　話題の写真集文庫化！

自分の仕事をつくる　西村佳哲
仕事をすることは会社に勤めること、ではない。仕事を「自分の仕事」にできた人たちに学ぶ、働き方のデザインの仕方とは。（稲本喜則）

世界がわかる宗教社会学入門　橋爪大三郎
宗教なんてうさんくさい⁉　でも宗教は文化や価値観の骨格であり、それゆえ紛争のタネにもなる。世界宗教のエッセンスがわかる充実の入門書。

ハーメルンの笛吹き男　阿部謹也
「笛吹き男」伝説の裏に隠された謎はなにか？　十三世紀ヨーロッパの小さな村で起きた事件を手がかりに中世における「差別」を解明。（石牟礼道子）

増補　日本語が亡びるとき　水村美苗
明治以来豊かな近代文学を生み出してきた日本語が、いま、大きな岐路に立っている。我々にとって言語とは何なのか。第8回小林秀雄賞受賞作に大幅増補。

子は親を救うために「心の病」になる　高橋和巳
子は親が好きだからこそ「心の病」になり、親を救おうとしている。精神科医である著者が説く、親子という「生きづらさ」の原点とその解決法。

クマにあったらどうするか　姉崎等／片山龍峯
「クマは師匠」と語り遺した狩人が、アイヌ民族の知恵と自身の経験から導き出した超実践クマ対処法。クマと人間の共存する形が見えてくる。（遠藤ケイ）

脳はなぜ「心」を作ったのか　前野隆司
「意識」とは何か。どこまでが「私」なのか。死んだら「心」はどうなるのか。――「意識」と「心」の謎に挑んだ話題の本の文庫化。（夢枕獏）

しかもフタが無い　ヨシタケシンスケ
「絵本の種」となるアイデアスケッチがそのまま本に。くすっと笑えて、なぜかほっとするイラスト集です。ヨシタケさんの「頭の中」に読者をご招待！

品切れの際はご容赦ください

戦闘美少女の精神分析　斎藤環

ナウシカ、セーラームーン、綾波レイ……「戦う美少女」たちは、日本文化の何を象徴するのか。「おたく」「萌え」の心理的特性に迫る。（東浩紀）

紅一点論　斎藤美奈子

「男の中に女が一人」は、テレビやアニメで非常に見慣れた光景である。その「紅一点」の座を射止めたヒロイン像とは⁉（姫野カオルコ）

男流文学論　上野千鶴子／小倉千加子／富岡多惠子

「痛快！　よくぞやってくれた」「こんなもの文学批評じゃない！」　吉行・三島など〝男流〟作家を一刀両断にして話題沸騰の書。（斎藤美奈子）

東大で上野千鶴子にケンカを学ぶ　遙洋子

そのケンカ道の見事さに目を見張り「私も学問がしたい！」という熱い思いを読者に湧き上がらせた、涙と笑いのベストセラー。（斎藤美奈子）

夏目漱石を読む　吉本隆明

主題を追求する「暗い」漱石と愛される「国民作家」をつなぐ資質の問題とは？　平明で卓抜な漱石講義十二講。第2回小林秀雄賞受賞。（関川夏央）

増補 サブカルチャー神話解体　宮台真司／石原英樹／大塚明子

少女カルチャーや音楽、マンガ、AVなど各種メディアの歴史を辿り、若者の変化を浮き彫りにした前人未到のサブカル分析。（上野千鶴子）

これで古典がよくわかる　橋本治

古典文学に親しめず、興味を持てない人たちは少なくない。どうすれば古典が「わかる」ようになるかを具体例を挙げ、教授する最良の入門書。

日本語で読むということ　水村美苗

なぜ『日本語が亡びるとき』は書かれることになったのか？　そんな関心と興味にもおのずから応える、折にふれて書き綴られたエッセイ&批評文集。

日本語で書くということ　水村美苗

一九八〇年代から二〇〇〇年代に書かれた漱石や谷崎に関する文学評論、インドや韓国への旅行記など、〈書く〉という視点でまとめた評論&エッセイ集。

思索紀行（上・下）　立花隆

本ではない。まず旅だ！　ジャーナリストならではの鋭敏な感覚で、世界の姿を読者にはっきりとさしだした思想旅行記の名著。

禅　鈴木大拙　工藤澄子訳

禅とは何か。また禅の現代的意義とは？　世界的な関心の中で見なおされる禅について、その真諦を解き明かす。（秋月龍珉）

タオ——老子　加島祥造

さりげない詩句で語られる宇宙の神秘と人間の生きるべき大道とは？　時空を超えて新たに甦る『老子道徳経』全81章の全訳創造詩。待望の文庫版！

荘子と遊ぶ　玄侑宗久

『荘子』はすこぶる面白い。読んでいると「常識」という桎梏から解放される。魅力的な言語世界を味わいながら、現代的な解釈を試みる。（ドリアン助川）

つぎはぎ仏教入門　呉智英

知ってるようで知らない仏教の、その歴史から思想的な核心までを、この上なく明快に説く。現代人のための最良の入門書。二篇の補論を新たに収録！

現代人の論語　呉智英

革命軍に参加!?　王妃と不倫!?　孔子とはいったい何者なのか？　論語を読み抜くことで浮かび上がる孔子の実像。現代人のための論語入門・決定版！

日本異界絵巻　小松和彦／宮田登／鎌田東二／南伸坊

役小角、安倍晴明、酒呑童子、後醍醐天皇ら、妖怪変化、異界人たちの列伝。魑魅魍魎が跳梁跋扈する闇の世界へようこそ。挿画、異界用語集付き。

仏教百話　増谷文雄

仏教の根本精神を究めるには、ブッダに帰らねばならない。ブッダ生涯の言行を一話完結形式で、わかりやすく説いた入門書。

武道的思考　内田樹

「いのちがけ」の事態を想定し、心身の感知能力を高める技法である武道には叡智が満ちている！　気持ちがシャキッとなる達見の武道論。（安田登）

仁義なきキリスト教史　架神恭介

イエスの活動、パウロの伝道から、叙任権闘争、十字軍、宗教改革まで——。キリスト教二千年の歴史が果てなきやくざ抗争史として蘇る！（石川明人）

よいこの君主論　架神恭介　辰巳一世

戦略論の古典的名著、マキャベリの『君主論』が、小学校のクラス制覇を題材に楽しく学べます。学校、職場、国家の覇権争いに最適のマニュアル。

生き延びるためのラカン　斎藤環
幻想と現実が接近しているこの世界で、できるだけリアルに生き延びるためのラカン解説書にして精神分析入門書。カバー絵・荒木飛呂彦　（中島義道）

人生を〈半分〉降りる　中島義道
哲学的に生きるには〈半隠遁〉というスタイルを貫くしかない。「清貧」とは異なるその意味と方法を、自身の体験を素材に解き明かす。　（中野翠）

私の幸福論　福田恆存
この世は不平等だ。何と言おうと！　しかしあなたは幸福にならなければ……。平易な言葉で生きることの意味を説く刺激的な書。　（中野翠）

ちぐはぐな身体《からだ》　鷲田清一
ファッションは、だらしなく着くずすことから始まる。中高生の制服の着崩し、コムデギャルソン、刺青等から身体論を語る。　（永江朗）

エーゲ　永遠回帰の海　立花隆
ギリシャ・ローマ文明の核心部を旅し、人類の思考の普遍性に立って、西欧文明がおこなった精神の活動を再構築する思索旅行記。カラー写真満載。

独学のすすめ　加藤秀俊
教育の混迷と意欲の喪失には出口が見えないが、IT技術は「独学」の可能性を広げている。「やる気」という視点から教育の原点に迫る。　（竹内洋）

レトリックと詭弁　香西秀信
「沈黙を強いる問い」「論点のすり替え」など、議論に仕掛けられた巧妙な罠に陥ることなく、詐術に打ち勝つ方法を伝授する。

希望格差社会　山田昌弘
職業・家庭・教育の全てが二極化し、「努力は報われない」と感じた人々から希望が消えるリスク社会日本。「格差社会」論はここから始まった！

ことばが劈《ひら》かれるとき　竹内敏晴
ことばとこえとからだと、それは自分と世界との境界線だ。幼時に耳を病んだ著者が、いかにことばを回復し、自分をとり戻したか。

現人神の創作者たち（上・下）　山本七平
日本を破滅の戦争に引きずり込んだ呪縛の正体とは何か。幕府の正統性を証明しようとして、逆に「尊皇思想」が成立する過程を描く。　（山本良樹）

品切れの際はご容赦ください

ちくま文庫

キャラクター精神分析《せいしんぶんせき》
——マンガ・文学《ぶんがく》・日本人《にほんじん》

二〇一四年十一月十日　第一刷発行
二〇二四年 十 月十日　第三刷発行

著　者　斎藤環（さいとう・たまき）
発行者　増田健史
発行所　株式会社　筑摩書房
東京都台東区蔵前二―五―三　〒一一一―八七五五
電話番号　〇三―五六八七―二六〇一（代表）
装幀者　安野光雅
印刷所　三松堂印刷株式会社
製本所　三松堂印刷株式会社

ISBN978-4-480-43226-1 C0111